U0010298

到尼泊爾

返璞歸真

太雅生活館

目錄 contents

食 飲食與文化

人 人民與生活

神 信仰與習俗

樂 休閒與娛樂

擇一個城市住下

我，什麼都沒做。

穿過中國西藏到尼泊爾的中間地帶，在鬧哄哄的辦公室蓋了一個入境章後，終於正式踏入了尼泊爾境內。

尼泊爾，這個在我旅途最末的一段，也是行程裡唯一空白的一段。我擠上當地巴士，跟著搖搖晃晃數小時後，終於抵達加德滿都。然後我只是擇了個房間，把自己安頓下來。

手上連本像樣的指南也沒有。但我知道人們一早起來到廟宇膜拜後，是往自己最鍾愛的奶茶鋪鑽去。各大寺廟前龐大的狗群，不管在哪個時段經過，永遠都是懶洋洋的躺在地上。那些人手一條布繩的男子，在人群聚集的街邊半蹲半坐聊著天，其實是在等待上工的機會。而杜巴廣場裡那片黑壓壓的鴿群與黃牛，在天色暗下後便不知去向，但一早又會全攏聚過來等待人們供養。

我還知道從寺廟、佛塔、門庭一直到人們的眉心，那遺留下來的米粒、花瓣，還有紅稠汁液，是當地子民虔誠的痕跡。扭腰抱壺挺胸攬盆的婦女，呼朋引伴的到露天水池邊洗衣沐浴，如果你什麼都沒帶只提了一袋髒衣服前去，她們會熱情的主動遞上水桶與肥皂邀你加入洗衣行列。還有還有，當人們雙手合十向你道聲「Namaste」，那上揚的嘴角及帶笑意的眼神，流露出來的是熱切、真實及誠懇的情感。

我什麼都沒做，只是每天在同樣的古蹟寺廟徘徊，在同個市集鬧區走動。和當地人一樣用一杯熱奶茶讓自己甦醒，

用一杯現調Lassi來消暑解渴。嘴裡咀嚼的是時而辛辣嗆口濃郁厚重，時而清香迷人溫吞含蓄的風味小吃。手裡撫觸的是紅磚牆面及木雕窗櫺的古樸，悠悠時光停駐的印記。而眼裡流竄的，則是一張張有著純樸、真實、善良、和諧特質且漾著笑臉的面容。

每一塊土地都有它值得探問學習的地方，你什麼都不用做，只要願意彎下腰聽聽這片土地傾吐的聲音，試著改變旅行的思維及節奏，緩下步伐和當地人一塊生活。細探之後你會發現，即使同一條街已經來回走下數不清的次數，但每一次的步行都會有新的細微感受。

慢遊是一種他鄉的生活體驗，旅行的深度在生活中刻印，而旅行的廣度在體驗中延展。

我什麼都沒做。只是把時間空了出來，隨著當地人的步調生活，和他們一塊走上市集、擠進小店，吃著當地原汁原味的美食，嗅著多樣紛呈新鮮獨特的氣味。其他的，就讓尼泊爾自己本身來填滿吧！

【作者簡介】

曾品蓁（Kristen）

把旅行當作一種生活方式
持續的書寫紀錄感受
讓自己生命的廣度與深度
在旅行的路上不斷延展

足跡踏過

加拿大、美國、日本、印尼
印度、尼泊爾、寮國、泰國
中國（西藏、四川、新疆、雲南及江南）

著有

《行走雲南》（華成出版）
《肉腳女生搞笑流浪記》（太雅出版）

個人網站

www.go-traveling.idv.tw

食，是窺探一個國家的窗口。試著走出專為觀光客設置的餐廳，隨當地人的步伐鑽進市集走入巷弄，品嘗小鋪小店的道地美食，用味蕾來探索一個新的國度。

食

1 Momo
尼泊爾摩摩餃子的初體驗

　　沒想到，看起來類似台灣蒸餃的小吃，竟是我品嘗尼泊爾的第一口滋味。那是從西藏一路長途跋涉過來，好不容易過了邊關，搭上極度擁擠的local巴士後，再一路搖搖晃晃抵達了Bahrabise，一個不在我預料中的地點。擠不上前往加德滿都中巴的我，只能在一旁等待著下一班巴士的到來。將大背包往街邊的牆角放下，旅伴和我擠在小小的屋簷下躲雨。折磨了一整個上午，終於有喘口氣的機會，這時才驚覺我們不僅身心俱疲而且還飢腸轆轆。想吃的念頭一起，才發現身後正巧是一間小吃店。

濃烈辛香料讓進食成了探險

　　一個大型蒸籠正冒著白煙，可以想像鍋蓋下那沸水滾滾的熱鬧畫面。「刷」的一聲，身穿紗麗的姑娘打開鍋蓋，空氣裡瞬間彌漫著溫暖的蒸氣。等白煙稍微散去，我湊近一探，蒸鍋裡整齊排列的，是與台灣蒸餃相似度幾近百分之百的小吃。這一個個皮薄餡多的「蒸餃」，看起來相當可口，讓極度飢餓的我連忙要了一份。姑娘點點頭表示知曉，但她一份份填裝，卻遲遲沒送到我手上。然後又把鍋蓋給蓋了起來。我不解的朝店內張望，才發現高朋滿座的小店滿是涎著口水的饕客，看來要輪到我還早呢！

　　我強忍食慾猛吞口水，盼著等著，終於白煙又再次竄出，這回姑娘在一只鐵盤上裝了十顆餃子，再盛了一杓小店特製的黃色醬料，端至我眼前。迫不及待的咬下第一口，那濃烈的辛香味瞬間在口腔內沸騰，刺激著原本快要鈍去的味蕾。數不清幾種香料混合在一塊，既新鮮又迷人的特殊味道，讓入口的每一次都是一種味蕾的探索，有種振奮脾肺的功效。細嚼之後，那薄中帶勁的皮，裏著的是飽滿多汁的牛肉餡。好吃！簡直太好吃了！我貪心的要了第二盤。沒想到初嘗尼泊爾的滋味，就讓人如此驚豔萬分，忍不住對接下來的日子充滿著期待，想著想著整個人都振奮了起來。

回歸簡單才能咀嚼其中的況味

　　「Momo」姑娘說。這個叫做Momo（摩摩）的小吃，其實並非尼泊爾當地食物，而是由西藏傳入，經過一段時間的演變，而改良成符合當地的口味。從內餡裡添加的香料、薄厚及韌度恰到好處的麵皮，到黃澄紅稠的沾醬，每一道都是各家廚子的獨門功夫。那輛我們搭不上的小巴，還停留在原地磨蹭著，為了固定行李及做好防水措施，司機及車掌努力的東喬西移及上拉下扯的。車內幾位不

公車票亭後是一間難以察覺卻極好吃的小吃店

會説英文的中國乘客看我們吃的津津有味，也忍不住要我幫他們點了幾份。大夥就這樣端著盤子，不顧形象的狂吃一番。

　　一個不在預料內的地點，一份不在預期內的小吃，竟然可以迸出如此令人驚喜的火花。而這火花並不是一時飢餓或新鮮感短暫爆發的，相反的它還一直綻放著，只待懂門道的人來發掘。現代人習慣上網搜尋或翻閱評鑑，刻意走訪一間又一間的餐廳，來尋求精緻美食，出國旅行時也不由自主的將這種習慣延續。然而，旅行書上介紹的美食，大多只是為觀光客設立的異國料理餐廳，人們到新的國度，擠破頭的卻是他國料理。其實享用美食可以不用那麼複雜累贅，拋開舊有的習慣與迷思，多用點心留意身邊周圍飄散的氣味，就會發現原來簡單也可以這麼美味。

→ 因為宗教信仰的關係，當地人不吃黃牛肉只吃水牛肉。

→ 一份從二十元到四十元盧比不等的Momo，美味誘人且價格實惠，因而成為背包客及旅人們鍾愛的小吃及用餐的首選。

→ Momo分西藏式及尼泊爾式；西藏式Momo形狀和台灣的水餃相像，而尼泊爾式Momo則比較像小籠包。

→ 烹調方式有蒸的及煎的兩種，內餡有水牛肉、豬肉、雞肉及當季蔬菜等可供選擇。

→ Momo在尼泊爾已經演變成相當熱門的食物，連在塔美（Thamel）觀光區都變成餐廳菜單裡的必備項目。

尼泊爾式摩摩

西藏式摩摩

好吃的摩摩哪裡吃？

店名：YangLing Restaurant
地址：Thamel北區（見P43）

在加都的塔美爾（Thamel）北區裡，有一間位於二樓的YangLing餐廳，裡頭賣的Momo皮薄餡多非常好吃，沾醬也相當令人回味無窮。這裡的炒飯也很不錯，口味極佳且份量剛好，值得前來一試。雖然位於觀光區，但這裡來的食客以當地人為主，觀光客反倒少些。

店名：Friendly Point Restaurant
地址：Shiddhidas Marg, Kel Tole, Kathmandu, Nepal

在加德滿都的阿山街（Asan Tole）裡，有一間位於小巷裡的Friendly Point Restaurant，這是當地人才知道的美食餐廳。除了大力推薦店內的Momo外，這裡的香料煎蛋餅（Masala Omelet）也是相當值得品嘗的。

店名：MOMOMAX
地址：Kwachhen-8, Bhaktapur

在巴克塔布有一間Momo專賣店，裡頭的Momo種類繁多，且每一道都相當好吃，是Momo愛好者的天堂。喜歡吃辣的朋友可以試試店裡的Chilly Momo，酥脆的外衣，加上辣勁十足的醬汁，真的是絕品呀！

2 Masala
有了香料個個是大廚

　　一擠進加德滿都的阿山街(Asan Tole)古市集，喧鬧吵雜的聲音隨即在耳邊放大、迴旋。接著，鼻息間流竄著複雜紛亂的味道。洶湧的人潮讓任何擠身進來的人，都必須和他人不分親疏的貼在一塊。因為擁擠，視野當然也就受到限制，看不清四周景象，只得隨著人潮在迂迴的街坊巷道中前行。伴著此起彼落的吆喝聲與討價還價聲，吃力的從人與人的縫隙中窺探張望，才發現除了人們身上披掛的紗麗色彩誘人眼目外，迷惑人心般不斷招搖的，還有那豔麗繽紛的各式香料。

　　市集裡青的、黃的、紅的一簍簍新鮮香料，還有那堆成沙丘狀，黃澄澄紅豔豔的香料粉末，讓人毫無招架的深陷在色彩的魅惑裡。辣椒、茴香、豆蔻、薑黃、肉桂、芫荽、胡椒、丁香、蕃紅花……有的辛辣嗆口濃郁厚重，有的清香迷人溫吞含蓄，還有的狂野粗獷猛烈直接，這些多樣紛呈的香氣交融在一起，形成了新鮮獨特且充滿未知的氣味。

沒了香料做不出好菜

　　尼泊爾的飲食特色，就是擅用各種天然植物製成的辛香料來調味。從麵食到甜品，主餐到小吃，甚至就連飲品也滲入了香料。嗆熱辛辣、狂野猛烈，不斷挑逗著味蕾神經，讓入口的每一次都是既新鮮又迷人的特殊體驗，這就是尼泊爾飲食引人入勝的原因。

　　Masala（瑪薩拉），不管你指著什麼食物問道，對方在道出食材時總會冒出這個單字。Masala是綜合香料的意思，市集上販售著各式各樣調配好的Masala供主婦們選擇。有的適合用來做肉類料理，有的是適合用在蔬菜上，還有的是專給炒麵炒飯時添加的，甚至湯品及飲品都有專門的Masala。在這裡香料和飲食可以說是畫上等號，若沒有香料的調味，就等於抽離了尼泊爾飲食的精髓。這裡的婦女會攤開兩手束手無策的告訴你，她們沒法做菜了。

色彩豔麗動人的辣椒

賣香料的婦女

無所不在的香料世界

香料不僅能夠增添食物的香氣、豐富食物的層次及增加誘人色彩外，還可以去除令人不悅的腥味。除了上述作用，廚房內那些琳瑯滿目的香料，還是生活上不可或缺的藥鋪。每一種香料都有其特殊的藥性，對健康有特定的功效。在尼泊爾的餐廳用餐，經常可以看到桌上或餐廳櫃台處，有一盤小茴香供客人餐後取用。除了去除口中的異味外，還有幫助消化的功用。

以農立國的尼泊爾因為地理條件極差，實際能利用的耕地面積相當有限。在這僅有的耕地上，所產出的農作物不僅數量不多、種類也相當少。雖然如此，尼泊爾人卻懂得利用香料來變化，讓簡單的食物，也能擁有複雜的美味。食材有限，但人的想像力卻無限。在這個國度，眼裡看到的、耳朵聽聞的、鼻息流竄的，還有嘴裡咀嚼的，除了香料還是香料，走進尼泊爾就等於走進香料世界，一場用想像力創造出來的色香味俱全盛宴。

NOTE

→ 在加德滿都到處都可以看到同時販售香料及茶葉的小店鋪，在阿山街的價格會比塔美爾或其他觀光區來的便宜。

→ Masala的種類繁多，剛開始選購可能會毫無頭緒，可以請店員介紹並要求試嘗味道，再來決定是否購買。

→ 店內販售的Masala，包裝上大多會附上成分表及提供簡易的烹飪方式。除了單售外，還有綜合包可以選擇，十幾種小包裝的Masala，包裝在硬盒內精裝出售。

1 2
用來調味或製果醬的醋栗（鵝莓）
看這成堆的辣椒就知道尼泊爾人嗜辣的程度

3 4
琳瑯滿目的香料是婦女們的最愛
供客人餐用食用的小茴香

1
3
2
4

☑ 尼泊爾常用的辛香料

小豆蔻（Cardamom）

經濟價值相當高，在印度被稱做辛香料之后。氣味香甜，帶有一點樟腦味。運用在辛香料理、麵包及糕點烘焙上，也經常被加在茶裡頭飲用。

小茴香（Cumin）

外型細長，有淡淡的苦味及濃郁香氣，是許多綜合香料的主要原料。有去除口中異味、幫助消化、防止腸胃脹氣等功效。

薑黃（Turmeric）

薑黃粉又稱鬱金香粉，有著極鮮豔的黃色。是咖哩粉中很重要的成分，經常添加在米飯中，增添色彩和香氣。

丁香（Clove）

味道辛辣、香味濃郁強烈，又有百里香之稱。經過烹調後味道轉為甘甜溫和，經常用在肉類料理及甜點烘焙上。

肉桂（Cinnamon）

味道甘甜，有著淡淡的木質香氣。經常使用在麵包及甜點上，也常加入奶茶及咖啡等飲品中調味。

月桂葉（Bay Leaves）

擁有清淡迷人的芳香味，湯品、燉食、茶飲皆適用。與肉類一塊烹煮，可以去除腥臭味。僅做調味用，因為葉子本身具有苦味，並不適拿來直接食用。

3 Dal Bhat
讓你吃到撐的國民美食

　　「尼泊爾人食量好小，難怪他們都長得如此矮小。」初到尼泊爾時，總有這樣的想法。

　　加德滿都街頭的小吃店很多，但大多都是賣甜膩及油炸的點心類食物，總覺得這樣的食物並不適合當作主餐。然而找到了有賣熱食的小餐廳，菜單上的選擇除了摩摩、炒飯、炒麵外，似乎沒有其他太多的選擇。「尼泊爾人每天就吃這些東西呀？那男生咧？這樣也吃得飽嗎？」，心中一直存在著這樣的疑惑。

尼泊爾人的食量怎麼這麼小

　　早餐是一天中最重要的一餐，然而這裡的早餐除了上述的點心類及麵食類別無選擇。也就是說，一天三餐，小吃店裡賣的都一樣，要吃也只能從中擇一。雖說尼泊爾的烤餅及點心百百種，但對於不習慣一早就吃麵食或帶甜的油炸物的我來說，實在是沒有什麼胃口進食。奇怪的是，就連當地人也吃得少的離譜。

　　大部分的尼爾人，喝杯奶茶就算解決了早餐。豐盛一點的話，就是加一小塊油炸甜點，或是一份扁豆咖哩。這裡的「一份」咖哩，僅僅是我們平時用來蘸醬料那種小碟的分量。我實在很難想像吃這麼點東西能有飽足感嗎？而這裡賣的無論是摩摩還是炒飯炒

麵，大概都是女生的分量而已，而這樣的分量怎麼有辦法支撐他們一整天活動所需的熱量呢？「難怪個兒小」，我終究還是下了這樣的結論。

就在我開始有在尼泊爾肯定會經常吃不飽，或是吃不過癮的念頭滋生時，才突然發現了Dal Bhat的存在。這個尼泊爾的國民美食—Dal Bhat手抓飯，徹底推翻了我原先認定「尼泊爾人食量小」的觀念，也讓我有了什麼叫做「吃到撐死人」的特殊體驗。

得用手抓著吃的傳統風味餐

嚴格說來，尼泊爾並沒有發展出獨特風格的在地佳餚，大多都是由印度傳入的地方料理加以變化而成，及少部分由西藏引進改變而來的飲食。Dal Bhat可以說是真正且唯一的尼泊爾傳統食物，它不僅是當地人的主食，也是每餐必備的主角。一般是用上面隔成數個小區塊的銅或鐵盤來盛裝，內容物有扁豆糊、白飯及咖哩蔬菜等。

Bhat指的是白飯，而Dal是由多種豆類熬煮，再加入大量的香料調味而成的稠糊豆湯，可以淋在米飯上或蘸麵食食用。手抓飯的另一主角就是Tarkari，用辛辣香料爆炒過的咖哩蔬菜或馬鈴薯。有時候還會有醃菜、烤餅或奶酪可供選擇。至於肉類，因為大多數的尼泊爾印度教徒都是素食者，再加上一般家庭消費不起，所以大多只有在節慶時才有機會食用。

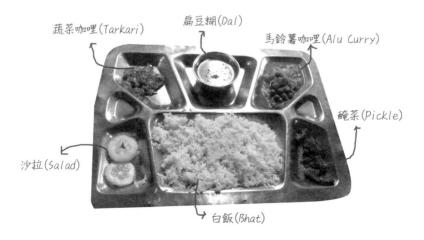

蔬菜咖哩(Tarkari)
扁豆糊(Dal)
馬鈴薯咖哩(Alu Curry)
醃菜(Pickle)
沙拉(Salad)
白飯(Bhat)

「手抓飯」顧名思義就是用手抓取食物來進食。洗完手就定位後，尼泊爾人會捲起右手的袖口，然後將餐盤朝自己移近些以便抓取。用餐的步驟是先將扁豆糊淋在飯上，用手指抓出約一口的飯量，再配上一點蔬菜，輕捏成球狀後，用大姆指將飯團推入口中。動作是很優雅且從容自在的，跟野蠻一點也扯不上邊。雖然目前在許多正式場合，尼泊爾人已經開始用湯匙和叉子吃飯，但私下還是習慣用手抓食。

一般餐廳見到外來客，通常會自動附上湯匙和叉子。對習慣用餐具進食的人來說，剛開始用手抓食可能會讓自己陷入極度狼狽不堪的情況，但在食物入口前，先用手指去感受食物的觸感及溫度，也等於是多了一道品嘗的步驟。任何手指能接觸的食物絕對都不會燙口，這是尼泊爾先人傳承下來的智慧，況且自己清洗過後的手，比起任何人清潔過的食器都要來的乾淨且可信任多了。所以，手就是最自然直接的環保筷，即可以重覆使用也沒有污染問題，看來所謂的「文明」標準可要重新思考一下了。

→ 尼泊爾人是用左手來清理不潔之物（如廁後清潔），所以左手被認為是不潔的，絕對不能用來碰觸食物，只能用右手進食。

→ 吃飯前，務必要先洗手。一般小餐館都會附設洗手臺，供食客用餐前後洗手。

用餐的步驟：先將扁豆糊淋在飯上，用手指抓出約一口的飯量，再配上一點蔬菜，輕捏成球狀後用大姆指將飯團推入口中。

→ 一般來說，手抓飯是無限量供應的，但因應外來遊客食量小，許多當地餐館開始降價，提供固定分量的手抓飯讓食客選擇。

吃手抓飯時只能用右手抓食

不僅是男人，連女人也一盤接一盤

無限量供應就是要你吃到撐

一盤手抓飯僅收費四十至五十盧比，特別的是，不管是白飯還是其他菜類，吃完了可以無限量免費再續。反正尼泊爾人吃的少，所以老闆敢這樣標價？錯，這真是大錯特錯。坐在鄰桌的不論男女老少，總是一次又一次的請老闆添料，而老闆也總是很豪氣的舀了分量十足的白飯或菜放入客人盤中。二至三回的加飯加菜，是很基本也很常見的。

怎麼尼泊爾人突然食量變好，而且還是超級大胃王？後來才知道，當地人一天只吃二餐，十至十一點左右吃一餐、晚上天黑後再吃一餐。而他們的主餐除了手抓飯外還是手抓飯，那些奶茶、小吃呀，只是白天肚子餓或嘴饞時的點心罷了。傳統觀念流傳下來，正餐吃的飽足才能支付一日所需的能量，所以他們從小養成了餐餐吃的充足的習慣，久而久之就人人成了「大胃王」。

在這裡你愛吃多少就吃多少，任何一家的老闆都不會有出現一點不開心或不耐煩的眼神。因為當客人向老闆多要的話，代表著食物好吃，老闆會感到相當有面子。在尼泊爾家作客也一樣，把主人端上的飯菜吃光光是必要的，而主動向主人要上第二回，更是種禮貌與讚揚。

有一回受邀至當地友人家作客的經驗，讓我連續好幾天都不敢點手抓飯。當天的記憶猶新，那滿滿的一大盤飯菜端上來時，我當場傻眼，光是要解決這樣的分量就已經很困難了，怎麼還有辦法要上第二回。趁主人不注意時，我將白飯分一大半給同行的旅伴，然後認真的吃起來。好不容易把飯菜吃到快見底時，主人連忙又前來加菜，基於禮貌我們只能含笑點頭，並且繼續努力吃完。當天，所有的人是挺著肚子，舉步維艱的步出友人家。這次的作客經驗，讓我有了個結論：「去人家家裡吃飯，要有撐死的決心！」

4 Milk Tea
用一杯奶茶喚醒一天的開始

　　一個再普通不過的玻璃杯，從小販手上接過，杯內穿透出來的滾燙熱度，讓人必須用雙手小心端捧著。還未入口，從黏膩的杯外就可以得知，這茶濁色的液體除了滾著奶香外，必定還有甜稠的滋味。小心啜飲著第一口，香濃的氣味先是流竄在鼻息間，然後瞬間在口中漫溢著。甜稠滑順的奶茶，從喉嚨一路暖到了胃，整個人突然精神一振，開始有了元氣。這是尼泊爾人早晨慣有的儀式，用奶茶喚醒一天的開始。

現煮奶茶每一口都是期待

　　每日早晨天剛亮，街邊就開始出現奶茶小販的身影。一個汽化爐、一個焦黑的爐架及長柄鍋子，加上數個玻璃杯，就是所有的生財器具，就這樣蹲在街邊做起生意。趕著去工作的人停下來，喝了杯茶再匆匆離開；要上課的學生止步要了一杯，滿足後才起身朝學校走去；附近的小販將攤子擺好後也點上一杯，喝完奶茶才有氣力開始吆喝生意。在加德滿都停留期間，我也愛上了這樣的甦醒方式，總得要喝過奶茶後才繼續一天的行程。

　　奶茶都是現煮的，一次僅能煮四杯到六杯的量。客人多時得等上幾輪，不過再怎麼等也只是幾分鐘的時間罷了。我喜歡看他們煮茶，雖然只是重覆幾個簡單的步驟，但也是極有意思的。一般先

是將水煮沸，然後加入茶葉及牛奶，最後才是糖。除了水及牛奶有精準的比例外，茶葉及糖的多寡，則是依小販的經驗值來拿捏。所以，即便是同一個小販，每次煮出來的茶，味道還是會有些微的差異。這樣的差異讓每回喝上的第一口，都有一種新鮮的期待。

外送小弟一解茶癮

不僅僅是一大早，一天之中的任何時刻，尼泊爾人只要累了、渴了、睏了或者是饞了，通通不忘來杯熱奶茶。只不過，過了上午，那些街邊的移動小販就打道回府，想喝奶茶得到店裡去。和當地人一塊擠在小店裡，你看我我看你，亂七八糟、有懂沒懂的聊天倒也著實有趣。不過，即便不鑽進小店，也是有機會喝上一杯誘人奶茶的。在街道上人群中經常可以看到提著鐵架，穿梭在商家或其他店鋪的外送小弟。只要一通電話，小弟就將煮好的奶茶放在鐵架上，用最快的速度送至客人手上。喝完的杯子擱在一角就行了，外送小弟會在回程時順道來收取。裝滿奶茶的鐵架在分送出去後，又裝上滿滿的空杯子回來。就這樣一來一往不停歇，由此可見尼泊爾人是多麼嗜茶了。

香料也能當茶喝

除了一般奶茶，在尼泊爾還有一種是摻入了特殊香料的Masala Tea。頭一回喝到這樣的香料奶茶，是在塔美爾區一個大樹下的戶

奶茶都是現煮的

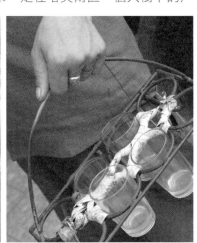
在人群裡經常可以看到提著鐵架的外送小弟

外麵攤。當我向老闆娘點了一杯後，只覺得他們的價格比別人貴，並不知道茶內另有玄機。淺嘗一口，香濃的奶香拌著順口的茶味下了肚，打算喝第二口時，才發現嘴裡的餘味竟然有著薑的辛辣，還有一些我說不出的味道。新鮮奇妙的組合，讓這杯奶茶喝起來充滿了層次。問了問老闆娘才知道，原來這是尼泊爾的Masala Tea。我簡直是喝上第一口就上癮，像重度咖啡嗜者一樣，時間一到就無法克制的肯定要來上一杯。

尼泊爾人懂得忙裡偷閒適時讓自己放鬆一下，一杯奶茶帶來的不是只有暖下肚的撫慰，還有可以隨時隨地享受片刻的悠閒時光。毋須到燈光美氣氛佳的咖啡廳也能夠感受到悠緩恬靜的氛圍，在這裡「點」不那麼重要，重要的是自己心境的轉換。來到此就入境隨俗吧！學著用一杯奶茶讓自己甦醒迎接一天的開始，用一杯奶茶感受這裡獨特的飲茶文化，細細品味尼泊爾式的悠閒情懷。

NOTE

→ 街邊及傳統小吃店裡賣的奶茶，往往比觀光區餐廳裡賣的，要來的好喝多了。

→ 傳統小店或路邊攤一般奶茶一杯是六至十元盧比不等，而六元是最常見的價格。

→ 不愛喝奶茶的人，也可以點紅茶，有些還有熱檸檬可選擇。

→ 這裡的牛奶很便宜，一包五百毫升才六塊盧比。不過，尼泊爾人是不生飲牛奶的，都是要煮過才喝的哦！

1 2
工作之餘也不忘享用奶茶
我也被感染了喝奶茶的習慣

3 4
用來裝牛奶的鋁桶
永遠都有人等著喝奶茶

用一杯奶茶喚醒一天的開始

028

☑ 奶茶怎麼買？

　　尼泊爾出售的紅茶除了一般的尼泊爾紅茶外，還有瑪薩拉茶（Masala）、依藍姆高山茶(Ilam)、茉莉花茶(Jasmine)、印度的大吉嶺紅茶（Darjeeling）和阿薩姆紅茶(Assam)等。瑪薩拉茶（Masala）為尼泊爾香料茶，是將調配好的乾燥香料直接混在茶葉裡。也可以單單購買研磨好的香料粉，好處是若在當地買的茶葉喝完了，可以在台灣用其他紅茶替代，熬煮時再加入香料粉，就又可以享用到香料奶茶的滋味。

　　在加德滿都到處都可以看到同時販售香料及茶葉的小店鋪，在阿山街的價格會比塔美爾或其他觀光區來的便宜。自用的話可以選擇散裝，價格比較實惠外，還可以聞聞茶香，檢驗一下品質。若要送禮的話，也有很多精美包裝可以選擇，如小竹編籃子、木盒，或民族風味的小編織袋等等。

☑ 香料奶茶怎麼做？

材料：茶葉、牛奶、糖及綜合香料

分量：

1　水和牛奶是1：1的比例。
2　一杯約200cc的水加牛奶，配一茶匙的茶葉。
3　香料及糖的多寡，依個人喜好添加。

註：奶茶用的綜合香料為荳蔻、丁香、肉桂皮及薑末研磨而成的，在當地也可以買到調配好的香料包，也可以依自己口味自行調配。

方法：

1　先放入水，將水煮沸。
2　加入茶葉、香料及牛奶，煮約二分鐘。
3　最後加糖攪拌，用濾網濾掉茶葉即可享用。

5

Desserts & Snacks

街頭小吃琳瑯滿目

　　尼泊爾的傳統料理或許簡單了些，但這並不代表在這裡會無法滿足口腹之慾。因地緣的關係，飲食受印度的影響相當的深，除了和印度一樣離不開香料外，還可以看到不少從印度傳入的麵餅、甜點及零食。這些小吃不僅種類豐富，口味也相當多元化，從甜的、鹹的、酸的，到辣的通通應有盡有。有些甜膩到像是從糖漿裡撈出來一樣，有些則是綜合口味的，雖然是莫名奇妙，卻又令人回味無窮忍不住一吃再吃。不管是哪一種，這樣充滿異國風味的小吃，都值得去好好品嘗、感受一番。

各有特色的麵餅子

尼泊爾有許多由小麥、小米及豆類等等製成的麵餅。除了有分發酵或未發酵外，還有用煎的、烤的及炸的，有些麵糰裡頭會包上不同的內餡，有些則是在麵餅上裹著蛋、蔬菜或咖哩料。不管有沒有包餡裹料，都各具特色值得品嘗。

Chapati（恰巴堤）

用小麥粉加水和成，不經過發酵的麵團。直接將揉好的麵團用掌心壓平後，在平底鍋上用少油煎烤。餅皮較為扁平，嚼起來十分有勁，口感扎實但較乾些，一般是撕成小塊蘸咖哩醬汁吃。

Puri（撲里）

與Chapati一樣是用未經發酵的小麥麵團製成，不同的是Chapati是用煎烤，而Puri則是用油炸的。經油炸後的Puri會膨脹成中空狀，吃起來酥酥脆脆的。最好趁熱吃，冷了之後會有一點油膩。

Roti（羅堤）

Roti本身是麵包的意思，它是尼泊爾煎烤麵餅類的總稱。可以是由全麥、米、小米或玉米等等，未經發酵麵團製成的麵餅。它的吃法很多，有的是在麵團裡和上馬鈴薯泥或蔬菜丁，油煎後蘸醬食用；也有的是煎烤後包各式蔬菜料食用（有點像潤餅）；還有的是直接加蛋煎烤（像蛋餅的吃法）。

註：Chapati是Roti的一種。在尼泊爾，不管你說Chapati或Roti，對方都會點頭說是。

口味狂野的香料小吃

　　尼泊爾的食物特色就是什麼東西都要讓「香料」給軋上一腳，就連小吃、零食及甜點也不例外。辣、鹹、嗆、甜及酸，各種想像不到的綜合口味，一而再再而三的刺激著你的味蕾。新鮮又特別的組合，讓尼泊爾小吃都充滿令人驚豔的味道。

Samosa（沙摩沙）

麵團內包著馬鈴薯、蔬菜、洋蔥或豆類等咖哩內餡，折成三角形的形狀，放入油鍋油炸的一種小吃。

Pakora（帕可拉）

一種炸蔬菜小吃。成分隨個人喜好添加，有洋蔥、蒜、番茄、馬鈴薯或各式蔬菜等（一般來說，一次僅加入二至三種不同材料）。將材料剁碎後加入用鷹嘴豆研磨後加水製成的麵糊裡，再依個人口味撒入適量香料，混和攪拌後取適量放入油鍋中油炸。Pakora吃起來酥脆爽口，是一道相當吸引人的小吃。

Bara（巴拉）

將豆類研磨成粉，加水及香料混和成豆麵糊，取適量壓平放在油鍋上煎。可依個人口味添加肉末、蔬菜或蛋食用。

Papad（帕帕）

一種酥脆的薄餅。由豆類研磨成粉加水攪拌而成的麵糊，加入鹽及香料調味，桿成薄薄的圓狀後，再用烤的或炸的。Papad本身已經有調味，所以不蘸醬就可以直接當零食吃，也可以加蔬菜丁一塊食用。

Alu Chop（阿路恰）

一種油炸馬鈴薯的小吃。將馬鈴薯蒸熟後壓成泥，加入洋蔥、香料等調味及和麵粉後，放入油鍋油炸。

米竟然也可以當零食

　　米，不僅是尼泊爾的主食，也是各式慶典上必備的祭品。相當特別的是，米在這裡竟然是一種當地人可以隨身攜帶的零食，真是無奇不有呀！

Chiura（秋拉）

將未經煮熟的生米重擊壓扁成片，這米片就叫Chiura。它不用烹煮即可食用，再加上容易攜帶，讓需要長時間工作但用餐不易的農夫或腳夫來說，是一樣相當方便的食物。大多數的人是搭配著酸奶、咖哩或醃菜等一塊食用。

Sel（歇歐）

一種形狀似甜甜圈、用米製成的甜餅。米磨成粉加水，再依個人喜好添加牛奶、奶油、糖、丁香及小茴香等後再攪拌均勻。將米糊用畫圈的方式倒入油鍋油炸而成。

Golphuki（葛普齊）

在街邊經常可以看到一個小攤車，上面堆著一粒粒用白米爆成的米香。這是尼泊爾很受歡迎的路邊攤零食，叫做Golphuki。一般會加入洋蔥、番茄、青辣椒、檸檬汁及香料等，混合攪拌後食用。

人氣強強滾的路邊攤

　　在尼泊爾經常可以看到路邊攤的蹤影，而人氣最旺的二種小吃，除了Golphuki外，還有Phulka(撲卡)及炒豆子。不時可以看到人們圍著攤車大塊朵頤的模樣，那愉快熱鬧的氣氛，讓經過的人也都忍不住要上一份來嘗嘗。

Phulka（撲卡）

迷你版的Puri，大小差不多是一口的分量。一般是現點現作的，小販會用姆指往Phulka中心輕壓，添入馬鈴薯內餡，然後將整個Phulka浸入紅稠的醬汁，撈起後盛至小鐵盤給客人食用。通常小販看客人的小鐵盤空了，會主動再遞一個，直到你主動說不要。

爆米花與炒豆子

加德滿都街頭有不少擺滿各式各樣豆類的攤車，每回還沒看到，就已經先聞到那令人口水直流的香氣。爆米花有時候會事先爆好，吃起來會不夠酥脆。但豆子是現炒的，通常炒好的豆子，會加一點蔥花及香料拌著吃。

令人吮指回味的烤肉料理

　　因宗教信仰的關係，尼泊爾素食主食者相當的多。再加上肉品屬於昂貴的食品，大多數人平時鮮少有機會吃肉，僅在慶典時才有大啖肉品的機會。雖然當地人平常很難得吃肉，但不代表在尼泊爾吃不到好吃的肉類料理，介紹兩樣會讓人吮指回味的佳餚。

烤爐烤雞（Tandoori）

這是一道印度料理，先將雞肉抹上乳酪及各種辛香料醃製後，再放至大型的泥製灶台裡烘烤，以高溫快速鎖緊肉汁，之後再用小火慢慢烘烤而成。烤出來的雞肉辛香撲鼻，顏色火紅鮮豔，吃起來的口感外酥內嫩，非常的好吃。

烤羊肉串

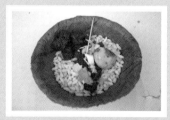

將羊肉塊抹上各種辛香料後，用竹籤串起放在烤爐上燒烤，適時的轉動羊肉讓肉串燒烤均勻。吃的時候，在碗底先放入白米爆成的米香，再把肉串拆下，然後再加入檸檬及洋蔥一塊混著吃。

6　Lassi
來一杯尼泊爾的特調酸奶

炎熱炙悶的天氣下步行到兩眼渙散時；烈日當頭下曝曬到口乾舌燥時；或僅僅是在嘗了刺激辛辣食物後，想要得到味蕾上的解放時，一杯鮮美的現榨果汁或是香濃的酸奶冷飲，絕對是會讓人滿足的笑口大開的。

現榨果汁的召喚

尼泊爾的果汁店總是很招搖，遠遠的就能吸引住人的目光。店門口空間大的，就會置上一個平台，上頭堆了滿滿一座座整齊劃一的水果金字塔。門口空間小的也不甘示弱，既然地上沒空間那麼就往頭頂上方做做文章。香蕉、鳳梨、木瓜、柳丁、蘋果……一串串從天花板懸掛而下，成了色彩繽紛的水果門簾。還有成綑的甘蔗像是店裡的門神一樣，長長的直立在門兩旁守護著。這些還不打緊，連店內四周的牆壁上，任何可利用的空間全都釘上了木架，擺著滿滿各色各樣的水果。

每回見到這樣極盡鋪張讓人毫無招架之力的果汁店，像受到召喚般忍不住要來上一杯。這裡的果汁都是現榨的，從蘋果、鳳梨、木瓜、椰子、柳橙、甜檸檬、石榴，甘蔗……到店長特調的綜合果

汁，可以説悉聽尊便應有盡有。現代人被汽水可樂及各式化學飲品，填滿了夏天及任何一個口渴的瞬間，忘卻了生活中還有新鮮果汁這樣自然又健康的選擇。在這個到處都是現榨果汁的國度，可要好好把握住這個機會，讓自己盡情享受原汁原味鮮甜暢快的同時，也一併把健康下了肚。

不可不嘗的國民飲品

特別的是這些果汁店裡，還有不可不嘗的鎮店之寶—Lassi（拉西）。如果説Dal Bhat手抓飯是國民美食，那麼Lassi就是尼泊爾的國民飲品了。Lassi是一種優酪乳飲料，由酸奶、水、糖製成。

1 2
波卡拉街上一間很大的果汁店
阿山街裡路邊的現榨果汁攤

3 4
果汁店內的選擇相當多樣
現榨的鳳梨汁相當好喝

除了原味外，也可以加入當季水果來調製，做出許多不同變化的水果Lassi。在炎熱的天氣下，能喝上一杯清涼可口的Lassi，真的是會讓人通體舒暢、暑氣全消呀！

尼泊爾的飲食習慣大多源自印度，而在印度傳統的Lassi是鹹口味的，把糖換成鹽之外，裡頭還摻了香料。不過在尼泊爾停留期間，我並沒有看到鹹口味的Lassi，也就錯失品嘗的機會。甜Lassi是後來才流行起來的飲品，也是台灣人比較習慣的口味。我最鍾愛的就是Banana Lassi，味道濃厚且香滑順口，滿嘴盈滿的果香與乳香讓人有種幸福的感覺。Lassi這個相當受歡迎的全國性飲品，不僅有健胃整腸、幫助體內環保的功用，還是養顏美容的聖品，可以說是物美價廉、好處多多。不管是甜是鹹，來到了尼泊爾，可不能不嘗嘗看這個國民飲品，讓體內也好好「返璞」一下。

NOTE

→ 現榨果汁除了石榴汁稍貴外，其他的價格大約是十五至三十盧比，相當的便宜。

→ 在喝Lassi之前要特別留意，確認店家用的是生水還是礦泉水來調製，否則會容易不適應而鬧肚子的。

→ 一般來說，小杯的Lassi是十五元盧比，大杯的是二十五元盧比。觀光區內的可能會貴上許多，建議要先問清楚價格才不會被當成冤大頭。

不管是果汁還是拉西都是現榨現做的

一盤盤白色凝狀物就是製作拉西用的酸奶

☑ 喝水前請等一等

在當地小吃店裡的餐桌上，經常可以看到不銹銅或塑膠材質的茶壺，那是提供給客人飲用的水。店內不會另外提供杯子，客人要仰頭張口直接喝。要注意的是，嘴千萬不能碰觸到壺口，那對當地人來說是不潔的，整壺都要倒掉。不過，尼泊爾的當地人喝的水都是生水，餐廳提供的也不例外，為了腸胃健康最好還是不要嘗試的好。

☑ Banana Lassi怎麼做？

材料：

原味優格 3/4杯
水 1/2杯
香蕉 1/2杯
小豆蔻 1茶匙
糖 隨個人喜好

作法：

1. 香蕉切片。
2. 將所有材料放入果汁機中攪拌均勻即可飲用。

7 ChowMien
學在地人吃樹下的嗆辣炒麵

　　走進了人聲鼎沸、觀光客雲集的塔美爾區，舉目所至是一間接連著一間的飯店、餐館、網咖、旅行社及購物商店。這裡有各式各樣的異國料理，饕客們獵食的美食天堂，還有目不暇給的特色紀念品，讓愛購物的遊客殺紅了眼。就在這個鬧區的邊緣，有一個看起來相當不起眼的小店，用它自己獨樹一格的方式，在這塊熱鬧滾滾的繁華地帶兀自經營著。

綠蔭樹下的小吃攤

　　嚴格來說，它不能稱得上是一間店鋪，僅僅是在建築物一側的窄小空地上，位於樹蔭下巷口前的小小露天麵攤罷了。會來到這間麵攤是一場意外的驚喜，那是剛到加德滿都的頭幾天，對一切都還十分陌生，我們興奮的在大街小巷亂竄，想感受這新鮮的一切及儘早摸熟方位。順著塔美爾幾條主街隨意步行著，就在不知不覺快走出這迷宮般的鬧區時，突然聞到帶著嗆辣味的陣陣飄香。才開始打算尋找這香味的出處，隨即就看到了這個沒有招牌，也沒有出色外表，僅僅有一台老舊攤車，一個簡易切菜台及三條板凳的小吃攤。

　　一群人圍著小吃攤或站或坐，有人端著鐵盤子大塊朵頤一番，有人捧著熱滾滾的奶茶呼嚕嚕的啜飲。攤子雖小但廚師及助手可不少個，一個正熟稔切著菜，一個火辣辣翻炒著，還有一個打雜的小弟忙著來回收碗洗碗。忙碌的氛圍讓人直覺這裡肯定有令人驚豔的美食。不管現在離晚餐時間還有二個小時，也不管老闆到底賣的是什麼，我和旅伴都打算來上一盤。

辣的過癮的極品炒麵

　　友善的當地人見了我們的加入，便主動讓了讓位子。原本看似坐得滿滿的長板凳，一下子就空出兩個空間來。探了探身旁食客盤裡的東西，再起身看看廚子鍋內翻炒的內容物，原來那香噴噴、引人垂涎是香辣的炒麵，我們迫不及待的各自要了一份。沒多久，一盤色彩繽紛的炒麵便端至眼前。雙手抬起正準備接過時，老闆娘才突然想起什麼似的，回頭連忙撕了張報紙墊在鐵盤下。多虧她的細心，我們才沒有因燙手而打翻盤子。

　　黃燦燦油亮亮的炒麵，佐著紫色的洋蔥、紅通通的胡蘿蔔、鮮綠的青辣椒及蔥花，上面還淋了老闆特製的醬料，光是視覺上就已

好吃的大樹下炒麵攤

年輕的廚子炒得一手好麵

經引人無限暇想，足以讓人口水直流。「嗆辣」是入口隨即體驗的味道，細嚼後那紛呈的辛香味才一一浮現，讓味蕾經歷一場有層次的美味盛宴。絲絲分明且嚼勁恰到好處的麵條，讓咀嚼成了一種享受，讓人忍不住一口接一口。沒想到這盤路邊攤的小吃，竟然大大超越了原先的期待，要說這是我這輩子吃過最好吃的炒麵，可真是一點也不為過呀！

麵攤位於巷口，當有車子要進巷時，必須起身把板凳往裡移，讓車子通行後再把板凳移回原位。小小的插曲，讓吃麵這檔事多了層趣味性，這也是很難得的路邊攤體驗。不去餐廳忘掉指南，加入當地人的行列，和他們一塊坐板凳吃炒麵，不僅可以體驗樸實的氛圍、感受當地人的友善，甚至還有機會可以獲得難得的友誼。這比起坐在餐廳裡，隔著玻璃窗看外頭人生百態，要來的直接且深刻多了。

NOTE
→ 大樹下麵攤除了炒麵好吃，這裡的香料奶茶也非常好喝，很值得來嘗嘗。
→ 一般的餐廳除了有ChowMien（炒麵）外，還有Thukpa（湯麵）及Chopsuey（燴麵）可以選擇。

1 2 老闆的兩個可愛女兒　辣的過癮的絕品炒麵

3 4 坐板凳吃東西特別有意思　加蛋的炒麵也相當好吃

食用地圖

大樹下的小吃攤

炒麵及香料奶茶非常的棒。(詳見P40)

YangLing Restaurant

除摩摩外,炒飯也很好吃。(詳見P17)

Peacock Restaurant

店內的烤雞非常好吃,一定要嘗嘗。

↑
往Swayambhu

N

● 餐廳或商店
H 旅館
■ 學校

1 J.P School
2 Center Mart
3 加德滿都旅館

Leknath Marg

H **3**

2 ●

塔美爾
Thamel

現榨果汁店

各式現榨果汁,比塔美爾裡頭的便宜哦!

1

Chhetrapati

Thahity

Peacock Restaurant

店內的Pakora及Alu Chop好吃又便宜。

阿山街的小吃攤

在阿山街走動,可以發現不少好吃的路邊攤,如烤餅、煎蛋餅等。只要聞到香味就去吃吃看就對了。

↓
往Durbar Square

阿山街
Ason

Friendly Point Restaurant

非常推薦店內的摩摩及香料煎蛋餅。(詳見P17)

因陀羅廣場
Indra Chowk

每一塊土地都有值得探問學習的地方，只要虛心誠意去傾聽，就能感受尼泊爾人純樸、真實、善良、和諧的特質，探得他們隱然的生活態度與哲學。

人

1 Namaste
一切從微笑開始的國度

「Namaste！」雙手合十放在胸前的同時，語調輕快愉悅的吐出這幾個字。這是尼泊爾打招呼的方式，人與人之間互動的開始。深邃雙眸下一朵朵綻開的美麗笑顏，向迎面而來的友人、鄰居甚至遊客流露著善意。來到這裡的人都能輕易的感受到當地人的友善與熱情，他們很少會發脾氣而且總是笑臉迎人。宗教信仰的關係，讓尼泊爾人懂得隨遇而安、凡事不強求的道理，他們坦然面對生活上的困頓與無奈，對命運溫和順從且安貧樂命。

超級明星任你拍

來過尼泊爾的人都知道，這裡不管男生女生，個個濃眉大眼五官深邃，睫毛濃密又纖長，每個都活脫像個大明星。小孩子更是可愛到讓人忍不住一看再看，甚至想伸手摸上一把。舉起相機試探性問問，通常都不會被拒絕，孩子樂於在相機前展現自我，大人們也表現的落落大方。隨著快門按下次數的增加，被攝者的笑容與肢體動作也愈來愈自然。不過，幼小一點的孩子還搞不清楚狀況，有的傻傻盯著鏡頭，有的幾近落淚邊緣，年紀稍長的姐姐或長輩則會在一旁邊哄邊引導，雖然在鏡頭外但也樂在其中。雜貨店老闆給鏡頭一個自然的凝視後，熱情分享他正享用的烤餅，直問好不好吃外

還極力推薦廚房還有要我們多嘗嘗。記錄路邊小吃廚子的烹調步驟時，他們除了大方讓人拍攝外，也樂意回答任何問題。有一回，我想了解油炸點心帕可拉（Pakora）的麵團材料，廚子特地跑進去拿食材讓我看個明瞭。下回再見到時，還會不忘關心的問一句，「找到那個食材了沒？」。

小販商人不勢利

　　記得剛抵加德滿都的頭一天，那時夕陽早已西下，好不容易依照指南找到旅館，卻被櫃臺人員告知已客滿。雖然是我們自己沒有事先預訂好，但對方不僅滿臉歉意直說對不起，還努力幫我們找其他合適的住宿。他主動幫忙的目的並不是想抽取佣金，而純粹只是為了讓舟車勞頓的旅人，能夠在黑夜裡找到棲身之處。參觀尼泊爾的手作樂器工坊時，你問什麼他們都樂意回答。如果你只是參觀或拍照，他們即不阻止也不會不悅，只會繼續默默埋首進行手邊的工作。街邊小販或許有時候會咄咄逼人，但如果你欣賞了他們的商品卻不打算掏腰包購買，他們也絕對不會生氣。甚至你拿起相機對著商品拍個不停，小販們也不會因為你沒買而阻止你拍照，還會安靜的待你拍完後，再繼續介紹商品。

1 2
坐在大街門口的姐妹倆
大方分享手中烤麵的雜貨店老闆

3 4
友善的爺爺與可愛的小孫女
杜巴廣場前的父子

異國友誼暖人心

在加德滿都停留期間，每天都要在塔美區來回走動數次，沿途經過的商家也日漸熟識，每回經過時彼此都會寒喧問暖，也經常受邀到店內坐坐，喝杯奶茶或水果的。如果一整天什麼事也不做，從街頭走到街尾準可以吃飽喝足。在店內比較冷清時段，陪他們聊聊天、打發一點時間倒也挺有意思。甚至還有一回我拿著買來的尼泊爾動物棋，請認識的商家教我遊戲規則，沒想到，他們竟然開心的和我一局接著一局玩到欲罷不能。友誼在這裡很容易建立起來，或許有些剛開始是從購物交易開始，但後來就變成純粹的朋友關係，不僅經常一塊吃喝聊天、到處轉轉，還受邀到他們家中作客，節慶時也不忘帶我們認識祭典與體驗傳統活動。

我和旅伴們經常造訪的大樹下麵攤，老闆Hari為了表達對我們的熱情與謝意，會用胡蘿蔔刻上Wellcome、Kathmandu、 Nepal等等單字，放在炒麵上給我們莫大的驚喜。除了刻字，他們還會特地幫我們墊上隔熱報紙，餐後切高麗菜絲讓我們解解辣，這些細心的舉動都讓人倍感窩心。麵攤老闆有兩個分別五歲及七歲的可愛女

1 2 阿山街裡賣羊毛披肩的友人桑尼　麵攤老闆特地為我們刻上加德滿都四字

3 4 每次到桑尼的店裡他都會熱情請喝奶茶　麵攤老闆的女兒對我們的相機感到很好奇

兒，每回一到麵攤，就是馬上把她們兩個摟在懷裡。她們也喜歡坐在我們大腿上聊天玩遊戲，或者二個搶著幫我綁頭髮，甚至還會在我們用餐的時候，表演歌唱或舞蹈給我們看，這些點點滴滴都讓我的尼泊爾行充滿無限美好的回憶，讓人回味無窮。

尼泊爾或許落後貧窮，物質條件也相當匱乏，但在這裡可以學習到他們安貧樂命的生活哲學，可以感受到他們富含的濃濃人情味。一句 Namaste，就能輕易的消弭人與人之間的距離與陌生感，換得笑顏朵朵開。來到這裡可別惜字如金，大方主動的說聲 Namaste，會讓人有意想不到的收穫哦！

☑ 不可不知

「點頭如搗蒜」的情形是不會在尼泊爾人身上看到的，因為他們不但不會如此強烈的表達贊同，而他們「點頭」的方式也和台灣人不一樣。當表示同意或答案為肯定時，尼泊爾人總是輕輕將頭往左側肩膀傾斜一下，再伴隨著輕微的聳肩。這樣的表達方式，有點像台灣人表示「不確定」或「無所謂」的動作，剛開始總是會意不過來，而經常搞不清楚的重覆向對方確認，鬧了不少笑話。

與其說尼泊爾人沒有時間觀念，倒不如說他們懂得慢活，什麼事都不著急慢慢來，這樣會比較健康。當地人說「等等，一會就好」，通常要等上半個小時。買東西，老闆跟你說給他十分鐘去調貨，結果一個多小時後才回來。和尼泊爾人邀約要有心理準備，通常在約定的半小時至一小時後才見得到對方身影。而吃東西也必須要極有耐心，飢餓萬分的人可是會等到一肚子火，因為無論餐廳大小，通常都是現點現做。有一回，想吃份摩摩（Momo），等到睡了一覺後摩摩才上桌，沒想到那家餐廳不僅現包現蒸，連皮都還是現桿的。在時間如此悠然的國度裡，與其煩躁不耐的催促著，不如讓自己跟著緩下腳步，試著感受「慢活」的樂趣。

2 Sari
穿出紗麗搖擺下的婀娜

半透明的薄紗隨輕移的蓮步緩緩飄動，那可能是托著銅盤往廟宇前進的女人。絢麗多彩的真絲在足邊呢喃，那可能是婀娜扭腰環抱錫壺前往公共噴泉取水的女孩。複繁精巧的軟綢從頭部披瀉而下，抱著嬰孩在洶湧人潮中擠身前行的少婦，不經意回眸，軟綢的半掩增添了無限的神祕與魅力。尼泊爾女人的風情，可以說是「紗麗（Sari）」造就而成的，那是輕軟飄逸下的款款柔情，是色彩繽紛下的無限嫵媚。

一塊布襯起女人的美

充滿綽約風情、旖旎華麗的紗麗起源於印度，原本只是在舉行宗教儀式時穿著，後來演變成女人們的日常服飾，至今在印度及尼泊爾仍然相當盛行。紗麗是一塊約一公尺寬，五、六公尺長的布料，穿的時候裡頭搭配一件襯裙(Ghagra)及一件緊身短上衣（Choli），利用各種圍裹及紮綁的技巧，從腰部纏起，穿過右方腋下繞過左胸，再披掛在左肩後方。紗麗布料的材質選擇性很多，價格也差異相當大，從棉、紗、絲、綢、緞到現代尼龍，依布料上的圖案是印染處理還是手工刺繡，價格從台幣數百元到數萬元都有。

紗麗的圖案複雜多樣且繽紛豔麗，但不管是在都市還是鄉村，窮人或富人，紅色一直是最受歡迎的顏色，它是結婚及各種節慶時穿的顏色，一種吉祥的代表。達善節時，滿街都是精心打扮穿著紅紗麗的婦女，活脫像一場紗麗的選拔賽。同樣的顏色可以藉由不同的材質與圖案，變化出如此複雜多樣、風情各異的美麗風情，實在令人嘆為觀止。

簡單中的高超技巧

穿上紗麗後人人都顯得優雅飄逸曼妙迷人，但可不是人人都有辦法穿好紗麗的。如何將一塊這麼長的布順利披掛全身，即不顯得拖泥帶水、拉雜累贅，也不會過度包裹造成生硬僵實，更不會三兩下就整體崩盤導致春光外洩，這可是大有學問在的。這看似簡單的穿衣步驟，實際執行起來是相當費工及繁複，而其中有許多細節需要在經驗中獲取。通常生手要將紗麗穿好不要掉落，就已經需要反覆練習數次才有辦法完成，而要能將紗麗掌握出最美的幅度與最自然的線條，那非得是有經驗的老手才有辦法做到的。

穿紗麗的步驟：

→ 先穿好短上衣與襯裙。

→ 將紗麗置於腰際由後往前包覆，再將紗麗的左端打個結後，塞入右側的襯裙裙頭。

→ 將紗麗由右至左環繞腰部約二至三圈，在腰部右前方處把布摺成四到六，再全數塞入裙頭裡固定住。

→ 然後將剩餘布塊，由左後方穿過右邊腋下，再繞過左胸再披掛在左肩後方。

→ 為了防止布料滑動，可以在左肩上用別針固定。

色彩繽紛的紗麗

賣紗麗的路邊攤

除了紗麗還有一種傳統服飾也是相當流行，稱之為莎爾華克米茲（Salwar Kameez）。它是由三件單品組合而成的套服，略為合身洋裝式的長罩衫（Kameez），寬鬆的長褲（Salwa）及一條長長的圍巾（Dupatta）。莎爾華克米茲的顏色豔麗多樣，據觀察，其中藍色青色等鮮豔的顏色最受少女們青睞。已婚婦女除了在衣服上大做文章外，會在頸部佩戴一條由數串彩珠串起的項鍊，如果可以還會配上黃金垂墜。除了裝飾的目的外，它還有象徵財富及已婚身分的宣示。

尼泊爾女人並沒有受世界潮流的影響而摒棄傳統美，貧民與貴婦一樣都鍾愛紗麗。當世界上的其他人努力用名牌堆砌自己，用層層化妝品包裹自己時，他們卻懂得善用一塊布，把女人與生俱來的魅力與風情發揮的淋漓盡致。尼泊爾女人，用紗麗、用莎爾華克米茲，打造屬於他們自己的傳統美，毋庸置疑的，他們吸引了不只是男人的目光，而是所有人的眼神留棧與衷心讚嘆。

NOTE

→ 紗麗除了披肩式穿法，尚有披掛式及包頭式。披掛式是將紗麗的尾端輕披在胸及肩上，讓它自然垂下。而包頭式則是將紗麗尾端披覆在頭上。

→ 穿紗麗千萬別穿球鞋或任何包頭式的鞋子，必須搭配露趾的高跟或平底涼鞋，才能顯出紗麗的美麗風情。

1 2
穿莎爾華克米茲的婦女
頸部的項鍊是已婚與財富的象徵

3 4
在足上裝飾的婦女
美麗的少婦

穿出紗麗搖擺下的婀娜

054

☑ 曼海蒂打造美麗風情

　　在印度及尼泊爾還可以看到一種相當美麗精巧，稱之為「曼海蒂（Mehndi）」的手繪藝術。它是用名叫漢娜（Henna）的植物製作而成的天然染劑，在手掌手背及腳上繪圖，被視為一種暫時性紋身的人體彩繪藝術。在街邊不難發現繪製曼海蒂手繪師的身影，通常他們的生財器具很簡單，一本彩繪圖案冊及一個添裝在三角形顏料筒裡的漢娜。技巧純熟動作熟練的他們，不消幾分鐘精細而複雜的圖案，從掌心到指尖或在小腿一側躍然而上。

繪製曼海蒂從十元到五十元盧比不等，在請對方下筆前一定要先選好圖案並談好價格，若不選擇也沒特別要求的話，對方會畫相當簡單的圖案，卻向你收五十元盧比。曼海蒂大概一個星期後就會慢慢褪色，大概要一個月才會完全消失。若不想用植物染手繪，還可以用蓋印章的方式做暫時的紋身效果，有許多不同圖案的印章，蓋一次五元盧比。

☑ 尼泊爾男人的傳統服飾

尼泊爾男人的傳統服飾稱為庫兒塔（Kurta），上身是過膝的長衫，下身是一條褲管緊縮及踝的長褲（Churidar）。其實女人也可以穿庫兒塔，有時候會將Churidar換成Salwa。傳統尼泊爾男人出門時還會戴上一頂船形帽，花紋有直條紋、橫條紋，也有單色或格子的，它是尼泊爾的國帽叫做Topi。不過現在年輕人已經不戴Topi，裝扮也越來越西化，T恤牛仔褲已經相當普遍了。

Street Vendor
來學街頭小販搞創意

　　有購物天堂之稱的尼泊爾，到處都是賞心悅目的紀念品特色店。愛血拼的人樂此不疲的成天從街頭逛到街尾，不愛購物的人倒也不用擔心，不想看「物」那就看「人」吧！尼泊爾的街頭小販除了很會推銷、且黏人功夫一把罩外，還個個是頂上功夫了得、撐竿技能高超的好手。就連不到十歲的孩子，也能撐起比他高的長竹竿，做起小生意來。

驚人的頂上功夫

　　混亂吵雜且人滿為患的街上，總是可以見到一大籃沈甸甸的水果，一堆用尼龍繩固定的空容器，層層堆疊的紙箱，或是各式各樣的一大袋零食，在人們的頭頂上來回移動著。這可不是什麼靈異現象或吊鋼索的表演，而是尼泊爾人有把東西頂在頭上搬運的習慣。這些在馬路上表演頂上功夫的人，不管路況有多糟街頭有多擁擠，都可以步伐沈著平穩、姿態優雅迷人。

　　賣薯片的及賣Phulka的小販，將一大袋的食物及調味料，放在一個平的拖盤上，底下用一個竹編桌腳支撐，就成了一個活動小攤。警察來時，只要把拖盤頂在頭上再拎起桌腳，便可以消失的無

影無蹤。到下一個適合之處，再將桌腳及拖盤放好又可以開始做生意。收納與擺放的速度在一、二秒內輕鬆完成，而躲警察時又抬頭挺胸動作沈穩，我想參加選美的那些佳麗們，可能都無法有他們那樣的從容姿態哦！

邊撐竿還要邊表演

　　一開始以為自己遇到了賣冰糖葫蘆的小販，差點要開心驚呼與旅伴分享「他鄉遇故知」的喜悅時，才發現這冰糖葫蘆似乎長得不太一樣。棕色細長的外形，一根根斜插在長竹竿上，密密麻麻的猶如一顆茂盛的樹。當我朝小販靠近時，他當場拿起其中一根現場演奏起來。原來，那不是什麼冰糖葫蘆而是一根根的笛子。悠揚的笛聲雖好聽，但吸引我注意的不是曲目，而是用一根竹竿撐起上百支笛子來做小本生意的構想。「我自己做的，要不要吹吹看？」小販拿一支笛子在我眼前晃呀晃的。

　　在這樣人擠人的市集裡，用直立的方式絕對比擺在地上要醒目的多，而且走到哪賣到哪。每一個賣笛子的小販，都有邊撐竹竿邊演奏的功力，後來才發現他們撐竿的功夫，可是從小就開始訓練的。在杜巴廣場上，經常遠遠的就可以看到特別高人一等的棉花糖小販。裝在塑膠袋裡的粉紅色棉糖，數十個綁在二至三層的竹竿

賣小吃的小販

賣竹笛的小販

上，而撐起竹竿的小販，幾乎都是十二歲左右的小孩子。廣場上那些「高高在上」隨著小販到處晃蕩的粉紅色，總是人們視覺的焦點，真是讓人不得不佩服他們的創意呀！

天才小販無人能敵

超級天才街頭小販獎，我會頒給我稱之為「皮包MAN」的小販。擠在阿山街車水馬龍的市集裡，只要他一出現就很難讓人不去注意到。幾十個樣式各異的大小皮包全掛在身上，整個人就是活動商品展示架，即不佔空間移動性也佳。不但可以邊走邊賣，跑警察時也比其他固定攤販快上許多。阿姨及年輕小姐們圍著他東翻西找的，小販還會貼心的自己旋轉，好讓客人不用走動就可以看完所有的皮包。經常看到「皮包MAN」就這樣邊旋轉邊介紹，還邊跟客戶討價還價的有趣畫面。

尼泊爾的街頭小販個個都身懷絕技，不管對商品有沒有興趣，光是欣賞他們令人嘖嘖稱奇的表演，就足以讓人開懷一整天。讓人激賞的是，他們不會因為外在條件或環境的限制，讓自己也跟著受限，反而懂得發揮創意來求生存。到尼泊爾，可得要來看看這些街頭小販如何搞創意，學習一下尼國人求生存的智慧。

賣皮包的小販

賣棉花糖的小弟弟

尼泊爾人的頂上工夫一極棒

平時搬運物品也都習慣頂在頭上

☑ 專屬的沙鈴吉樂師

如果沒有辦法用頂上功夫來吸引人，又沒有高人一等的撐竿技巧，及驚人的臂力與體力將所有商品綁在身上，那麼就用「貼」心的服務來招攬生意吧！尼泊爾有一種當地人稱它為沙鈴吉（Sarangee）的傳統樂器─四弦琴，走在塔美爾區經常可以看到販賣沙鈴吉的小販，他們人人都能奏上一曲好聽的Reshamfiriri曲目。

通常小販鎖到好目標後，就會邊跟著遊客邊忘情演奏，宛如是他的專屬樂師。只要對方顯露出一點的興趣或被他們發現一點端倪的話，他們就會開始熱情的介紹讓人難以抽身。「這是我自己做的，你要不要拉拉看？」每個小販都會這麼說，或許他們認為工匠的身分，能多刺激一點銷售量。如果對沙鈴吉沒有興趣的人，可千萬不要多看一眼，否則這專屬樂師可是會跟著你到天涯海角哦！

Fountain

加入公共浴池一起洗衣去

　　精雕細琢的神獸石雕，從古樸的紅磚牆上挺出，神獸的嘴部噴湧著純淨潔白的清泉，嘩啦一聲打在池底、灌入銅壺塑膠桶裡、噴濺在黝黑的手臂上，亦或是一隻穿著夾腳鞋的腳丫子上。銅壺滿了，女孩頂在肩上用雙手扶著婀娜地踩上石階。塑膠桶也被提走，婦女在一旁將髒衣服放入桶裡來回搓洗著。抽回沖洗乾淨的腳，接著小男孩將沾滿泡沫的頭直接伸到水流下。嘩啦啦的水聲、有規律的刷刷聲，以及此起彼落的談笑聲，為這午後交織一場歡樂進行曲。這是加德滿都古城露天水池內，每日都會上演的熱鬧景象。

水池噴泉邊大家來聊天

　　尼泊爾的自來水供水系統並不完善也不普及，除了谷地新城裡有設置自來水設施外，其餘的大部分地區，居民還是仰賴這大大小小的水池或噴泉。少了自來水，家裡要喝的要用的，都必須用人力一桶一壺吃力的扛回家。雖然辛苦及不便，但露天水池內的人們，臉上總是盈滿笑容而且歡聲不斷。婦女們結伴到水池裡洗衣沐浴，開心的與街坊鄰居分享生活瑣事。孩子們則是把握住這個可以正大光明玩水的時刻，洗澡兼打水仗好不快樂。聽著水聲、看著水流，很難不被感染到水所帶來的輕鬆氣氛，這是水的獨特魅力，人們的歡樂的泉源。

提著髒衣服洗衣去

　　「為了體驗當地生活，你就去公共浴池洗個澡吧！」，我吆喝著旅伴 E，其他人見狀也紛紛加入搖旗吶喊的陣列。

　　「洗澡哦，太害羞了吧！不過洗衣服倒行。」沒想到原是個玩笑，他竟然認真思索起來。就這樣，選了一天下午，E帶著一袋髒衣服，我們幾個就浩浩蕩蕩朝浴池出發。

　　這些大多由紅磚砌成的水池就建在大街旁，隔著一米高的圍牆外是稀疏平常的大街景緻，而圍牆內則是從中古世紀一直延續至今的景象。順著石階入口步行下探到三至五公尺的池底，浴池內正洗著澡的婦女們，見到我們幾個時僅是好奇的探了一眼，便不以為意的繼續沐浴著。她們將頭髮挽起，胸部以下圍著一塊布，就著布從頭到腳仔細清洗著。大多時候，她們是三五成群結伴同來，彼此互相幫忙防止走光。洗畢，簡單擦拭一下，套上短上衣、裹上乾淨的紗麗，再把濕的布由內抽下，然後仔細將紗麗穿好，完成沐浴大事。

　　接著，婦女們開始各自擁著水桶，清洗抽下的那塊布及帶來的髒衣服。旅伴僅帶了衣服前來，隨即就有熱心人士遞上水桶及肥皂

1 2
美麗的石雕噴泉裝飾
提水的老人

1

3 4
古樸的公共噴泉浴池
邊洗衣邊話家常的婦女

2

4

皂。他挽起袖子拉起褲管與婦女們一塊蹲著搓洗起來，大人們笑的樂開懷，小朋友見了也咯咯笑的不停。這露天水池竟然出現外國人前來洗衣服，真是奇觀，牆上多了一些看熱鬧的人，他們探出頭帶著興味互相議論著。這裡的水是全年不斷流動，從石雕噴口泉湧而下，進入水池後由下水道排出，因此水池裡的水總是源源不斷且潔白乾淨。

做家事也能玩的很開心

池內一角的石台上，有兩個年約六、七歲的小女孩，正努力刷洗著媽媽的皮包。她們認真的刷著，好像那皮包是千年沒洗過一樣，非得要使勁的刷才有辦法清潔乾淨。而在石臺下的小男孩，則拿著一只小盆接著牆上小洞裡流出的涓流，好一陣子終於盛滿水

NOTE
→ 尼泊爾旅館的熱水供給幾乎都是使用太陽能。
→ 有的旅館有電熱水器，供陰天或雨天時使用，入住前可以先確定。
→ 天氣好時想洗個熱水澡不是問題，但如果旅館當天人多，熱水用量會很大，晚一點洗澡的人可能就只能洗溫冷水了。
→ 建議早一點洗澡，下午的時候最可以洗到熱呼呼的熱水澡。

1 2
沐浴中的男人
正在幫忙洗皮包的女孩們

3 4
旅伴加入當地洗衣行列
沖沖腳感受沁涼泉水是件極消暑的事

了，他使勁端上石臺讓姐妹們沖洗。尼泊爾人從小就必須開始分擔家事。他們年紀雖小，但已經很能清洗自己衣服及皮包這類的小東西。與其說他們是幫忙做家事，倒不如說他們把這當成一種遊戲，每個人都玩的不亦樂乎。白色泡沫伴著笑聲與鬧聲盈滿了整個石臺，這種簡單原始的快樂，讓尼泊爾孩子的童年增添了許多的歡樂回憶。

刷洗、沖淨這樣持續幾回，皮包終於洗好了，然後他們三人開始洗起頭來。幾個婦女洗好衣服起身，旅伴歸還水桶道謝。加德滿都裡的旅館大多是用太陽能發電，雨天或當天動作晚了就沒熱水可以洗，在露天水池裡沐浴我尚無勇氣，而洗冷水澡也還沒有膽量嘗試。圍牆上探頭出來的人們不知何時消失，太陽開始西斜示意著我們也該回去。離去前，又有人前來，他將牛仔褲攤平在石臺上，極盡力氣的刷著，白色泡沫越刷越多，「ㄕㄨㄚ丶」的一聲，泡沫被沖進池底，順著水流往下水道去。

幾世紀前隨著地下渠道引進的河水，至今還持續流在尼泊爾子民身上。這水不僅串連著世代的喜怒哀樂，隱沒著誰是誰非的祕密，她還承載著孩子們的童年。終年不斷的流水，讓歷史中的庶民畫面，依舊活靈活現的存留在二十一世紀。

☑ 每晚的燭光約會

尼泊爾供電極不穩定，停電是常有的事。每晚更是一定會停上一回，時間常短則不一定，有時數十分鐘，有時一、二個小時。塔美爾觀光區的商家，為了生意大多都會自備發電機，但古城的居民則只能靜靜的等待著。記得，頭一天抵加德滿都時，才晚上八點但街道已經一片漆黑，還以為這裡人都這麼早睡，住上了才知原來這是當地人每晚與燭光約會的時光。所以來到這裡旅行，可千萬要準備一只手電筒，以防不時之需。

5 Games
摸熟街頭遊戲和全民同樂

在尼泊爾街邊經常可以看到當地人圍聚在一塊，有時不發一語聚精會神、有時氣氛熱絡呼聲不斷。我總是忍不住好奇的湊上前去，看看他們在玩什麼把戲。每回一探，總有不同的驚喜，他們玩著各式各樣我從沒見過的遊戲，無論是鬥智拼技巧還是靠運氣，圍觀的男女老少個個張嘴開眼興趣盎然。擠身於他們之中沾染愉悅的氣氛，是相當有意思的。這些街頭遊戲不僅讓人打發時間、調劑身心，有人還可以乘機小賺一筆，賺點零用錢花花，可以說是人人同樂全民皆歡。

桌棋球（Carrom Board）

頭一回看到「桌棋球」時，還以為他們用手指在打另類撞球，再看第二眼時，又覺得他們在玩改良版的氣墊球，不管是哪一種都讓人覺得十分新鮮有趣。正在廝殺的二個人站在方型木桌的兩側，細看精算的想辦法用手指將狀似塑膠籌碼的圓棋撞入四角的洞口。木桌上撒了不少助滑的白色粉末，不僅扁平的圓棋沾滿了粉末，就連參加遊戲者的手也白撲撲的。這個由印度傳入，「撞球」結合「氣墊球」的桌上遊戲，深受尼泊爾人的喜愛。不管是平地還是高山、城市還是村落都不難見它到的蹤影。不僅玩的人開心，四周圍觀的人也顯得興趣盎然，是個相當受歡迎的娛樂活動。

☑ 桌棋球的遊戲說明

1. 可以兩人或四人參與遊戲。若是兩人，則分別站在兩側，若是四人，則個別佔據一側，而站在對面的兩人為同一隊。

2. 參賽者僅能在自己所屬的那一側發棋。發球線是二道平行的線，主棋必須同時覆蓋在兩條線上。

3. 木桌棋盤上，除了比賽者手上的撞擊主棋外，還有九個白棋、九個藍棋，及一個紅色的棋王。將自己的九個棋子趕在對方前，全數撞入任一洞口即獲勝。

4. 紅色棋王可以在最後一個棋子入洞前的任何時間被撞入洞口，但一旦撞入後，必須馬上再撞入一個棋子才算成功，否則棋王就必須放回中心。

→ 什麼是氣墊球？
百貨公司的遊樂場經常可以看到的一種桌上遊戲。桌子的兩側各有一個洞口，比賽雙方握住長型手把，將圓圓扁扁的圓球想辦法撞入對方洞口即獲勝的一種雙人遊戲。

飛行棋（LUDO）

　　我這一次看到LUDO是在加德滿都的街邊，四個大男人坐在地上，圍著一塊小小畫滿格子的手繪木板。紅、黃、藍及綠四色的小扁圓棋，隨著骰子擲出的數字依序前進。令人困惑的是，有人擲一次骰子，有人卻可以連擲數次，有時候又莫名其妙返回起點，而每個人的起點又不相同。他們玩的太認真了，我不好意思打擾細探，而真正學會這個遊戲，是從一個七歲的小女孩那兒學來的。這時我才明瞭，原來LUDO是個老少咸宜的國民遊戲，簡單易學且樂趣無窮。

☑ 飛行棋的遊戲說明

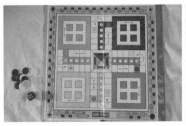

1. 可以二人至四人參與遊戲，每個玩家有四顆棋子，分別為紅、黃、藍及綠色。

2. 玩家輪流擲骰子決定移動的步數，必須要擲出1才能把棋子從起點移到跑道上。

3. 擲到6時，走完棋後可重擲一次。連續擲到三次6的玩家，所有的棋子要全部返回起點重頭開始。

4. 若棋子走到對方棋子放置的格子時，就可以把對方吃掉，被吃掉的棋子必須回到起點重新開始。

5. 畫星星記號的格子，表示「安全」，即使被對手的棋子壓到也不用返回起點。

6. 當棋子走了一圈，表示快結束了，接著朝中間有顏色的格子走（如黃色的棋子走一圈後，沿著黃色步道前進抵達終點）。

7. 擲出的點數大於要到終點的步數時，則必須反走。最快把自己四個棋子移到終點的玩家獲勝。

→ 塔美區觀光區買不到LUDO，必須出了塔美爾，到附近當地人的文具店才可買到。

→ LUDO大多都是紙製品，也有塑膠製品，約40盧比。

最小的攤開尺寸大概是20*26公分，通常裡頭還會附贈一個簡易的爬格子遊戲，很適合親子同樂。

動物棋（Animal Chess）

在塔美爾的商店裡，可以買到木製的動物棋，尺寸有大有小，木雕也有分精細與粗糙，可以花點錢買手工精緻一點的來收藏，也可以花少少錢買一個回家與家人同樂。

☑ 動物棋的遊戲說明

1. 這是老虎與羊對廝的遊戲，總共有四隻老虎、二十一隻羊。
2. 老虎直接擺在棋盤上的四個角落，由放羊棋開始遊戲。
3. 老虎跳過羊可以把羊吃掉，把羊全部吃掉就算贏。
   （也有版本是吃掉五隻羊就算贏）
4. 羊要想辦法把老虎包圍，把四隻老虎都困住了就算贏。
5. 如果羊的棋都放完了，則可開始移動棋子，直到遊戲結束。

　　除了上述的兩樣遊戲，街邊還經常可以看到一大群人圍在一塊無傷大雅的小賭，通常都是一塊畫上格子或圖樣的布讓人下注。有趣的是，還有人用核桃投洞來賭錢。不管到底規則看懂了沒有，僅僅站在一旁觀看，感染周圍的熱鬧氣氛也挺有意思的。探頭幾回後，每看到圍觀的情形就知道裡頭大概是賣什麼藥，氣氛熱鬧熱絡的八九不離十是有人在下注，安安靜靜聚精會神的八成是在動腦鬥智在比賽，不管是哪一種，皆一派和諧氣氛融洽。何曾幾時我們都迷炫在五光十色的線上虛擬遊戲裡，忘卻了這種投身在人群裡動腦鬥智同時兼訓練EQ的樂趣。摸熟這些街頭遊戲，投身人群中與當地人互助較勁一番，是相當有趣的體驗哦！

核桃投洞的賭錢遊戲

學生也忍不住圍觀看人聚賭

By Bus
6 擠入貼身巴士與人零距離

　　頭一回搭尼泊爾巴士，是在鄰近中國的尼泊爾邊境Kodari。完成入關程序後，我背著沈重的行李在溼漉、狹小且滿地泥濘的山中邊境小城尋找巴士蹤影。好不容易找到了一輛巴士，但它破舊不堪且看起來臨近報廢邊緣，不過我還是努力擠上車，然後等上近一個小時，巴士才終於出發。而這一個小時裡，遊客及返鄉人的大小行李、一袋袋的農產品、各式商品、家用品，還有看起來不知是什麼但十分佔空間的物品，全都奇蹟式的塞入車內或堆至車頂。而乘客則擠在剩餘的空間裡，分不清是站是坐的扭曲著身子。滿出來的乘客則掛在車門外，甚至攀到車頂。車子匡鎯匡鎯的出發，我也隨之搖搖晃晃，朝著加德滿前進。

巴士奇觀讓人瞠目結舌

　　用「嘆為觀止」來形容尼泊爾的巴士可一點也不誇張。殘破敗壞的外觀，慘不忍睹的內部。不管是座椅凹陷、扶手斷裂，還是椅背需要乘客自行固定，都是搭乘巴士經常碰到的事。最讓人吃驚的是巴士的承載量似乎永無上限。不管是大巴、小巴、甚至三輪的迷你巴，都自有一套裝載的方式。抵加德滿都的第一天，我和三大袋

農產品、數串大包裝衛生紙、十幾大箱的商品一塊下了車。而這還只是最後一站的東西,一路上早已不知下了多少呢!光是運這些貨品,幾乎就沒有空間塞乘客,但神奇的是不管車內怎麼擠塞,車外有多少人要乘車就有辦法滿足多少人。

　　車內像疊疊樂一樣,大家使出比賽拿金牌的功夫,硬擠硬鑽為自己佔有容身之處。擠不進的也無所謂,掛在車門邊大半個身子在車外搖晃也一樣到得了目的地。最受當地人喜愛的,是車頂上VIP視野的「頂」級座位。坐在車頂不僅上下方便,毋須費力鑽進鑽出外,身子相對也較能獲得舒展,減少混著體味及汗味的難聞氣味。經常看見巴士遠遠駛來,漫天塵土中一群黝黑的男女老少,輕鬆自在坐在車頂上跟著巴士搖搖晃晃。有一回,還看見一隻羊也在搖晃的陣列中。

神乎其技的車掌小弟

　　每一輛巴士都會有車掌小弟,即使是市區內的短程小巴。大多時候他們是攀附在車門邊,手裡抓著大把零錢鈔票,大聲吆喝招攬。車掌的工作除了收錢招客,負責安置行李、貨物外,還協助乘客攀、爬、抓、附。每到一站他一定是最早下車,忙碌應付一

正努力爬上車頂的乘客

坐車頂其實比擠在車內舒服多了

群準備上車的乘客，指揮要裝卸的貨物，同時又不忘向下車的人收車資。在推一把抓一下、叫一回喊一聲的百忙之中，他還有空檔可以和人聊天閒扯，甚至到忘我境界。有時候司機等不及的開動了，他才匆匆忙忙邊跑邊把對話結束，總在看似快追趕不上時成功跳上車。

在吵雜的各種聲音中，車掌和司機間的溝通相當困難。於是當地人就想了一個法子，用「拍擊車身」的方法來知會司機。拍擊一下代表「停車」，連擊二下代表「可以啟動」，簡單又明瞭而且再吵雜也能正確傳達。這裡的巴士當然不會有什麼車鈴的裝置，車內的乘客要下車就往車壁用力拍去，車頂的乘客則往下拍打，司機接收到了便會隨即停車。在轉彎或是會車路段，車掌小弟會探出頭來觀察，確定沒問題就會猛擊車身「啪啪，啪啪，啪啪，啪啪……」，告知司機大哥「安啦～繼續走吧！」。總之，不管現場有多混亂，一切都在車掌小弟的掌握中。

NOTE
→ 坐車頂和坐車內的票價是一樣的。
→ 車上風大，久坐會有寒意。另，風沙也大，最好要載口罩。
→ 想嘗試坐車頂的人，要自行多注意安全。

掛在最外面的永遠都是車掌小弟

車掌大哥到處張望招攬生意

搭上貼身巴士和當地人一起呼吸

　　尼泊爾的巴士破舊骯髒、車內擁擠混雜，我擠在狹小幾乎不能動彈的空間裡，努力在眾多異味中吸入乾淨的氧氣。一個年輕男子坐在我椅子的把手上，為了取得較多的空間越挪越進來。下車了，換成另一個擠過來。而坐在我旁邊靠窗的男子，則是盡可能把自己往車牆靠去，讓我及坐在把手上的人有更多一點的空間。走道上歪子身子的少婦，把身子挪得更歪斜，好讓旁邊剛上車的婦女可以擠入。這裡的人認識或不認識，總是能搭上些話來，貼著黏著靠著，不管多擁擠多不舒服，大夥神情看起來還是相當愉悅照樣談笑風聲。

　　這樣的巴士坐起來或許不太舒服，但人與人的身體在如此「親密」的接觸下，似乎連內心也跟著零距離起來。越舒適的乘車環境，就與人越疏離，若刻意改坐專為遊客提供的交通工具，也等於把真實的尼泊爾阻隔在外。不管是全身僵硬的擠在車內裡，還是坐在車頂感受漫天風沙，呼進呼出的是和當地人一樣的生活氣息，真實真切的當地體驗。

☑ 另類巴士tempo

可別以為巴士就只能是長方型哦！在加德滿都裡還有這種三輪機動車改良的巴士。車後沒有門，車箱只有二條長木板坐椅，雖然看起來空間很小，但塞上十個以上的乘客絕對沒有問題。這類的三輪巴士是跑短程的，如照片中這輛五號巴士，就是往返加都及帕坦的。

路邊還有一個奇觀，就是馬路中間的安全島，竟然有小販提供司機換零錢，實在太妙了！

尼泊爾雖然貧窮，但心靈層次及生活哲學卻不落人後。在這裡會讓人懂得，原來，簡單是美，一種生活上的美好，心靈上的富足。

神

1 Religion
諸神庇護的宗教古國

在尼泊爾這個生活和信仰密不可分的小國,宗教深深的影響著人民的一舉一動。從出生到死亡,所有大大小小的事情,都脫離不了和宗教有關的祭典與儀式。這裡的寺廟、佛塔及神像數量之多、隨處可見,而寺廟建築混雜在民居、廣場與古蹟之中,有時讓人難以辨認哪些是人住的,哪些又是神住的。神與人之間的關係穩固而緊密的結合,讓尼泊爾成為獨特且充滿魅力的宗教古國。

三大神祇掌天地

尼泊爾的國教是印度教,全國信仰人口高達百分之九十。要瞭解了解尼泊爾,就要先對印度教有所認識。不過印度教的神祇眾多,再加上各神祇又有數不清的化身,要在短時間認識複雜且繁多的諸神,並不是件容易的事。但總括來說,印度教有三大重要神祇,而這三大神祇分別是創造神大梵天(Brahma)、守護神毘溼奴(Vishnu),和破壞神溼婆(Shiva)。創造世間萬物的大梵天地位雖然崇高,但寺廟裡卻很難找到他的神像蹤跡,據說這是因為大梵天在創造天地完成職責後,便返回天上遠離凡塵瑣事。維護和平與確保生命安全的毘溼奴,曾以十種不同的化身來到人間拯救地球,因此相當受人民愛戴與膜拜。諸神中最令人敬畏的,要屬同時代表著毀滅及重生的溼婆神。唯有毀滅才有新生,周而復始不斷輪迴,是印度教的主要精神之一,這也就是為什麼溼婆神被廣泛崇拜的原因。

NOTE
→ 除了這三大神祇外,象頭神甘尼許(Ganesh)也是深受大家喜愛的神祇之一。印度教徒相信代表幸運和智慧的甘尼許,能給人們帶來智慧及消災解禍,因此在一般人出遠門或展開任何活動之前,都會先膜拜甘尼許以求好運。

1 2
溼婆與巴瓦娣像　象頭神甘尼許

3 4
哈努曼猴神　溼婆的座騎公牛(難迪)

寺廟藝術非關情色

　　溼婆神廟中，經常可以看一根根突起如陽具般的石雕，這是溼婆諸多化身之中專司生殖的靈甘（Lingum）。靈甘經常被置於一個中間有孔的圓形石雕基座，象徵女性生殖器的雅尼(Yoni)上，這種陰陽具的組合石雕，代表著性力結合與子嗣繁衍。而在尼泊爾溼婆神廟的擔柱（Tunala）上，還可以看到不少溼婆神與性力女神戴維（Devi）交歡的木雕。不過，這些大膽且赤裸裸描繪各種高難度的性愛畫面，和情色可扯不上一點關係。對民風保守的尼泊爾人而言，溼婆與性力女神的結合，代表著生命力的泉源，及隱喻宇宙兩極的合一。

宗教大鎔爐

　　把印度教視為國教的尼泊爾，是世界上第一大的印度教國家。而信奉佛教人口雖然只有百分之八，但也佔有一席之地，是尼泊爾的第二大教。相當特別的是，尼泊爾人對宗教採取兼容並包的寬大態度，這裡印度教及佛教極為融洽的並存在一起，兩大教徒彼此關

1 2
靈甘與雅尼
刻有性愛木雕的柱子

3 4
在帕蘇帕堤納寺到處都可以看得到靈甘
帕坦博物館內販售的性愛銅雕

係相互影響且密切相連。傳說中，佛陀是保護神毘溼奴的化身之一，所以這裡佛塔及佛寺同樣受到的印度教徒的膜拜。佛陀的神像上也因此被捧著鮮花、米及蒂卡粉的印度教徒，塗上象徵祝福的紅色的蒂卡。

這裡大多的印度教徒與佛教徒身分重疊，很難將二者劃分清楚，對虔誠的尼泊爾子民來說，其實是沒有必要加以區分，因為眾神皆神，只要誠心膜拜都是會受到庇佑的。在這裡每個人都有絕對的宗教自由，而且包容與尊重其他的宗教信仰。政教並沒有合一，宗教不會被權力所利用，也沒有任何人拿宗教來控制誰。相較於世界上的大部分國家，尼泊爾人對信仰可以說是絕對的純然，相當值得學習。

尼泊爾的藍毗尼，是佛陀釋迦牟尼誕生地，吸引了無數虔誠的信徒前來朝聖。而人神混居、宗教鎔爐，還有生殖崇拜等獨特信仰的結合，讓各國遊客紛至沓來，爭相一探這個諸神庇護、充滿魅力的宗教古國。

庫瑪莉（Kumari）是尼國人供奉象徵聖潔的童貞女神，而它的習俗起源是從馬拉王朝開始的。傳說當時馬拉王國的保護女神塔雷珠（Taleju）下凡到人間，化做人形的她經常與馬拉國王玩擲骰子遊戲，但有一天國王對塔雷珠起了邪念，讓女神盛怒下離去，並揚言不再庇佑馬拉王國。經國王不斷的苦苦懇求，女神才回心轉意並承諾以童女之身重返宮廷，此後就開始有了尋訪女童，供奉活女神的習俗。

到庫瑪莉廟見女神

建於中古世紀的庫瑪莉廟，是一幢發人思古的迷人建築，此建築在紅磚牆面上鑲嵌著多扇精雕細琢的木造窗櫺。兩座彩色的石獅雄踞在正門旁，護衛著女神廟的同時，似乎也將吵雜喧囂一併阻隔在外。步入低矮厚重大門，迎面而來的是靜謐詳和的中庭，而四周則是活靈活現、神乎其技的木雕樑柱與窗櫺。想一睹活女神真面貌的遊客，可以將盧比投入中庭中央的捐獻箱中，然後喚著「Kumari，Kumari……」，夠幸運的話，小女神會在窗口現身讓訪客瞻仰。不過，千萬別將鏡頭對準女神，這可是被嚴格禁止的。

新任女神的誕生

庫瑪莉的挑選方式相當嚴苛，除了必須是釋迦（Sakya）家族階級的金匠或銀匠的女兒，且身體必須完美無瑕不能有任何傷疤外，還必須符合三十二種完美特徵。從一群四、五歲的女童中，挑出符合這些條件的候選人，之後就要經歷最嚴苛的

一關一在恐怖漆黑的房內獨處。房內到處擺滿了血淋淋的駭人水牛頭，還有帶著面目猙獰如鬼魅般面具的男人，不時發出令人毛骨悚然的聲音，裝腔作勢想辦法嚇人。至始至終都能保持沈穩冷靜的女孩，就能成為新任的活女神。

　　成功通過試驗當上活女神的女孩，就必須搬進庫瑪莉神廟，接受信徒的供奉與膜拜。活女神相當的尊貴，她的雙腿不能碰觸地面，也不能和一般孩子一樣到學校去上課，因此除了有專門的人負責打理她的生活起居外，還有私人教師指導學業。除了特殊慶典外，活女神是不可以任意離開庫瑪莉廟，而且巡遊時還必須由專門人背或抱著。如果沒有遭逢意外受傷流血的話，活女神的任期會一直到初經為止。

　　卸任後的活女神可以得到一筆豐厚的俸祿，也可以結婚生子、自由自在的生活。但養尊處優慣了的她們，回歸正常家庭生活時容易面臨適應上的困難。再加上一般人認為娶前庫瑪莉為妻，會帶來厄運甚至還有可能剋夫，所以卸任後的活女神，在往後的日子裡經常是與孤單寂寞相伴甚為淒涼。

　　在尼泊爾數不清的神佛傳說裡，活女神可以說是讓世人感到最不可思議的宗教信仰。一個把活生生小孩當成神來供奉膜拜的國度，吸引了成千上萬的遊客前來一探，只不過能否有緣見活女神一面，那可得看個人的造化了。

2 Puja
晨間迷濛中的虔誠

陽光透過晦暗雲層撒下第一道光開始，身穿輕薄飄曳紗麗，踩著小碎步步行的婀娜身影，便從四面八方的小巷鑽出。她們的左手都托了一只鋼盤，虔誠地朝著家裡最近的寺廟前進。這是尼國人的晨間禮拜，一日開始的首要之事，而且全年無休從不間斷。

一日之「祭」在於晨

　　小鋼盤裡擺放的大多是花瓣、白米、水及紅色粉末，這些是要供奉廟裡神靈的貢品。依膜拜的神靈不同，有時候也會添加水果、糖果、牛奶或奶酪等。從一個神到另一個神，除了有特別的程序外，還會將貢品依序撒在神像上。過程中除了點燈、燒香外還要搖鈴，搖鈴的目的是讓神靈得知他們正在舉行供奉儀式。這樣的儀式稱為Puja，通常是由家中的女人負責。女孩從小就四處跟著媽媽在廟裡轉，耳濡目染下學會了供奉的程序，待年紀稍長可以獨自進行時，這每日早晨的Puja工作就會落到女兒身上。每週六則是全家大小一塊到廟裡的日子，到了這一天，各個廟宇總是有絡繹不絕的信徒，銅鈴也會持續不斷的噹噹作響。

1 2
搖鈴是禮拜儀式中不可少的步驟
假日是攜家帶眷至廟裡的日子

3 4
小女孩正虔誠的為神像塗上蒂卡
貢品

一旦奉獻給神明後，這些貢品就是神靈賜福的聖物，任何入內膜拜的信徒，皆可以取走少量的聖物做為神明的庇佑。大部分的人奉上水果或糖果後，會把受到祈福的食物帶一些回去分給家人。尼國人相信神明無所不在，岩石、大樹、高山、河流，甚至建築物的窗或橡都有可能，而任何被認為具有神靈的地方都受到虔誠的膜拜。所以除了寺廟或佛塔外，門庭、繪有神像的牆壁及濃蔭的大樹等等，皆可以看到信徒們撒下的米粒、花瓣，還有紅稠的汁液。

抹上蒂卡平安一整天

這紅稠的汁液叫做蒂卡（Tika），是將紅色粉末加水溶和，再塗抹於神像上象徵祈福。當地人不管何時經過寺廟，一定會用手勢膜拜，有時候會取下花瓣插在頭髮或耳際，但大部分是在壇前取一點蒂卡抹在自己的額頭上。在特別的節日裡，如婚禮及達善節，則是將蒂卡粉、奶酪及米一塊攪和。在額頭抹上蒂卡是代表自己與神同在並且有祝福好運、庇佑平安的意思。

1 2
毘濕奴的化身
為靈甘獻上蒂卡

3 4
神像上可見到信徒遺留下來的虔誠
美麗的神像壁畫

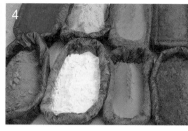

1 2 3
頭頂上那一長條的蒂卡代表著已婚身分
正在接受長者獻蒂卡的婦女
蒂卡粉是用秤重的來交易

4 5 6
賣蒂卡粉的小販
達善節時可以看到當地人的蒂卡一個比一個大
各種顏色的蒂卡粉

　　任何人都可以點蒂卡，不管是點在眉心或接近髮際處皆可。位置不同並沒有什麼特別的意思，只不過一定要點在額頭中線的地方。比較特別的是，已婚婦女會在頭頂正中間的髮線，從額頭髮際處開始往後腦勺，抹上一條垂直的蒂卡，宣示著她們的已婚身分。現在，蒂卡除了傳統的意義外，還代表著流行與時尚。走在大街小巷裡，可以看到愛美的女性們貼著各式各樣金燦燦改良後的蒂卡。這色彩繽紛、形狀變化多端的塑膠蒂卡，像貼紙一樣用黏貼的方式固定在額頭上。很多外來的遊客也入境隨俗，紛紛在眉心貼上蒂卡。

誠心敬神不貪心求神

　　尼泊爾人的一天從祭祀開始，在膜拜中結束。而一天之中的任何時刻，只要經過任何大小寺廟，都不忘雙手合十膜拜一番。尼泊爾人對信仰是誠心誠意、身心合一，從寺廟佛塔到人們額頭上的紅色蒂卡，到處都看得到當地人民虔誠的痕跡。他們將膜拜當成生活的一部分，誠心敬神只為求得神的祝福，並不是為求一時財富或利益而求神，貪心的想要不勞而獲。他們生活環境與物質或許匱乏，但心靈比起其他富裕國家的人要來説富足許多。尼泊爾，這個眾神的國度，人們心靈的烏托邦。

> NOTE
> → 尼國人一星期工作六天，只有星期六是他們的假日。只要假日一到，就是全家大小一同到廟宇膜拜的時候。
> → 塗抹蒂卡必須用無名指，可以點在額頭中線處的任一位置，而現代版的塑膠蒂卡，則必須要貼在眉心正中央。

1 2 雙手合十祈福中 兩位婦女正在做獻蒂卡儀式

3 4 虔誠的信徒 寺廟裡總是有絡繹不絕的人潮

☑ 小心天外飛來的祈福

走在加德滿都街頭，經常可以看到一手拄著手杖或雨傘，另一手提著一只鐵筒，衣衫襤褸赤著腳的修行者。他們在街上來回走動，見到外來遊客便主動上前，朝對方額頭點上蒂卡，下一秒就伸出手要錢。很多不知情的遊客，就這樣硬被索費，破壞了旅遊的興致。

杜巴廣場上有不少奇異裝扮、抹上豔麗色彩的修行者，很多時候是成群結隊的。他們會主動招手示意可以拍照，然後擺出符合遊客期待中的姿勢，當然接下來就是上演一場索費的戲碼。如果不願意給錢，那麼就千萬不要把鏡頭瞄準他們，即便要拍也一定要先談好價錢，否則會有麻煩的紛爭。

註：當然，其中也會有真的修行者，而當地人也都會大方的佈施。只不過，真真假假有時候是很難分辨的，問了當地友人得到的回答是，「如果自己有能力就佈施吧！更何況他們也是真的沒錢才這樣討乞的。」

☑ 眼睛周圍塗黑的習俗

尼國人有將小孩眼睛周圍塗一圈黑的習慣，這個不是為了要讓小孩的眼睛看起來更大更迷人，它跟愛美一點關係也沒有。尼國人認為，小朋友比較難抵擋惡靈的侵襲，塗黑的作用可以讓孩子免受惡靈干擾及疾病的入侵。

3 Animal
聖牛廟鴿與山寨猴

　　城市裡「人畜共存」是怎樣的一番情景？熙來攘往車水馬龍的大街上，牛兒慢條斯理的到處閒晃；狗兒懶洋洋的睡在路邊，不時讓行人不小心絆倒。成群的烏鴉與鴿子，在自家宅院、廟宇神壇上，隨處棲息自在活動；猴子冷不設防的在你準備大塊朵頤時，跳出來一把搶走食物……在這裡，動物和人類不僅是和平相處在一起，甚至還比人類更享有特權。他們被當成神來崇拜，自由自在的活動，安然愜意的生活著。

黃牛被視為聖牛

　　尼泊爾最神聖也是最崇拜的動物神靈，非「黃牛」莫屬了。黃牛之所以被視為「聖牛」，是因為牠是印度教中溼婆神的坐騎，因此牠的地位高高在上，沒有人可以傷害牠更別說殺害。這裡人吃的牛肉，指的都是水牛肉，沒有人會吃黃牛肉。聖牛們在窄小巷弄裡，無視於自己龐大身軀會阻礙通行依舊悠哉漫步，或是大搖大擺坐在車水馬龍的大馬路上，讓所有的人都要因牠而繞行。有時候牛兒會自顧自的嚼起地上菜攤的蔬果，或是探頭進去路邊的商店挖寶，而小販或店員發現時也只能小心驅趕，自己默默認賠囉！

山猴也被看作是聖猴

　　猴子在尼泊爾有顯著的地位，從寺廟裡不少的猴子雕像及裝飾品中，就可窺見一二。除了那些靜止不動的雕像外，活蹦亂跳的正港猴子也從不缺席。各大寺廟裡可以見到成群結隊的猴子們，自由自在的在廟裡走動、打盹曬太陽或者玩耍嬉戲。牠們大搖大擺的等人進貢、理所當然的向行人乞食，甚至囂張大膽的搶劫遊客手裡的食物。

　　尼泊爾的猴子的確被慣壞了，牠們不怕人，倒叫人怕牠們。但也難怪牠們囂張，因為這些猴子可是被當地人奉作猴神。史詩「羅摩衍那」中，羅摩王子之妻西姐被惡魔抓走，王子和惡魔交戰的危急之際，猴將軍哈努曼前來相助，不僅救回了西姐也打敗了惡魔。從此之後，猴子就被納入諸神裡受人膜拜敬奉。猴神如此調皮搗蛋、招搖囂張的，人們拿牠們沒輒，只好主動閃遠一點囉！

廟鴿和烏鴉都是吉祥鳥

在加德滿都谷地的三座古城廣場裡，皆可以看到密密麻麻的
鴿子，成群的在廣場上低頭啄食，在屋簷窗櫺上停駐。牠們敏銳而
迅捷，一點小驚動則馬上騰空而起，整座廣場瞬間翻騰著灰白相間
的鴿子海，場面壯觀懾人，讓人有種莫名的感動。但往往還來不及
平撫心中的悸動，就要小心天上飄落下來的羽毛與溼軟黏稠的鴿子
糞。等你驚魂未定檢查全身時，那些鴿子早已優雅的回到自己原先
的位置了。

人們來杜巴廣場拜神祭祀，也會順道餵養鴿子。廣場旁有幾
攤賣玉米粒的小販，供前來的信徒或遊客購買。據說餵養鴿子能幫
助姻緣，黃澄玉米粒潑撒出去，引來鴿子們喧然大波的同時，佈施
人的心裡也起了一點期盼的漣漪。除了鴿子，被我們認為不祥的烏
鴉，在尼泊爾也有著特殊的待遇。烏鴉被尼泊爾人奉為「神的使
者」，帶來好消息的吉祥鳥兒，所以也一樣受人崇拜。

1 2

屋簷窗櫺到處都是鴿子

數量可觀的鴿群

3 4

正在餵鴿子的婦女

有人會在廣場上備水給鴿子喝

狗是死神的守門使者

　　也只有在尼泊爾這樣善良包容的國度，可以讓其他國家裡人人避之的流浪狗，得以這麼慵懶自在悠遊幸福。牠們大方的睡在暖暖陽光下，睡得香甜酣熟甚至鼾聲四起。睡飽了就懶洋洋趴著，半瞇著眼看著人來人往。悶了，就起身悠遊自在的到處閒逛，或者跟其他狗兒玩起誰是老大的遊戲。餓了，就那裡嗅嗅這裡聞聞，總有些吃的可以果腹一番。異於一般認知的流浪狗生活，牠們不用成天提心吊膽、四處閃躲，可以大大方方的在街上棲息徘徊，沒有人會刻意驅趕。

　　尼泊爾狗的數量驚人，走在路上很容易就不小心會碰到橫「睡」遍野的狗，是不是家犬也分不太清楚，因為都受到一樣的對待。為什麼狗在這裡這麼倍受愛戴呢？原來當地人認為狗是死神的守門使者，能夠趨吉避凶，保證亡者的靈魂能到達天國。只不過，流浪狗的繁殖速度太快，已經達到影響城市交通的地步了，目前尼泊爾政府正努力想辦法控制流浪狗的數量。

　　這些動物成天慵懶自在、隨意逍遙，幸福且沒有壓力的生活著。尼泊爾，不僅是人類嚮往的國度，也是動物們的快樂天堂。

1 2
狗比人還懶
黃牛懶洋洋的躺坐在杜巴廣場上

3 4
呼呼大睡中的狗兒們
羊沒有其他動物這麼幸運，牠是人們的祭品

4 Funeral
生命的終點在巴格馬堤河

　　瓦拉那西的恆河是印度教徒心目中最偉大的聖河，幾千年來同時承載著生與死、毀滅與重生。人們活著的時候，想盡辦法至少要到那裡去沐浴淨身一次，而死了的時候，也要求親友將他們抬到那裡，讓骨灰隨著聖河遠去，他們深信這樣靈魂就可以解脫得以永生。而在尼泊爾也有這樣一條神聖的河流，它是距加德滿都約五公里處的巴格馬堤河（Bagmati River），尼泊爾最重要的火葬儀式舉行地。

最後的驛站

巴格馬堤河畔有數個凸出的獨立平台，這一座座的平台就是用來舉行祭祀或火葬儀式的地方，稱之為河壇（Ehat）。傳統習俗上，印度教徒會將病危的親人送往巴格馬堤河畔，放置於河畔上遊處一幢專門給將死之人及家屬使用的建築，待其嚥下最後一口氣後再予以火葬。當然也有人在停留期間病情好轉，脫離死亡陰影歡喜離去。要步行到火葬場，必須從巴格馬堤河旁的帕蘇帕提納寺（Pashupatinath）入口進入，順著入口往裡走就可以看到巴格馬堤河。

橋的這一側，可以看見不少光著上身正剃髮剃鬚的男子，無庸置疑的，他們都是親人剛過世的家屬。尼泊爾傳統習俗裡，家中有親人去世時，亡者的兒子都必須剃髮，僅僅保留頭頂中央一小撮髮絲。河壇上陸續有人開始堆置木材，想必不久後火葬儀式就會開始。剃髮淨身完的男子們，在一旁平靜的等待著這即將送走親人的最後一段路。

1 2
正在剃髮的死者家屬
搬運木材的工人

3 4
剃髮代表家中有人去世
火葬前的準備工作

隨聖河直奔神界

　　跨過橋到另一岸去，石階上有許多祭司正為信徒或亡者家屬舉行祈福儀式。河畔邊有人掬水洗手，有人站在水裡雙手合十閉眼禱告。用葉子盛起的米及鮮花貢品被放到河裡，大部分順利的朝水流遠去，少部分停滯在河畔邊成了流浪狗覓食的對象。幾隻頑皮的猴子在的草地上爭食及嬉戲，遊客及民眾則是或站或坐的守在這裡觀禮。

　　亡者大多用白布或黃布包裹，親屬先將死者的屍體抬至河邊，讓他的雙足浸在河裡完成淨身儀式後再抬至河壇。在屍體放下前必須先順時針轉三圈，然後再放置在堆疊好的木柴上。接著在死者身上灑米粒及花朵，並用河中盛起的聖水清洗死者的臉部。由兒子拿著油燈或火把繞遺體三圈後，鋪上乾草及柴薪，最後點火燃燒。

1 2 3
巴格馬堤聖河一景
將死者的雙足浸在河裡舉行淨身儀式
祭司在舉行祈福儀式

4 5 6
祭司
正在火化中的屍體
貢品成了狗兒覓食的對象

生死沒有距離

濃煙迅速竄起，沒多久整座河壇便籠罩在迷濛煙霧裡。葬禮的整個過程隆重莊嚴，氣氛雖憂傷但並不會過度悲慟。一陣喧鬧聲把我從思緒中拉回，尋聲望去，一群婦女帶著孩子到河裡沐浴。大夥臉上滿是喜悅的神情，孩子更是興奮的打起水仗來。大人們被水潑得驚叫連連，笑聲水聲喧嘩聲讓河畔這頭充滿了歡樂的氣氛。對岸河壇上的屍骸已經徹底化為灰燼，下一秒就被掃進聖河裡，隨著一波波的河水奔向來世。家屬及工作人員紛紛離去，河壇又恢復原本空蕩蕩的面貌。那群愉快開懷的沐浴者心滿意足的起身離去，而另一座河壇已架好柴薪等待另一場儀式。

與一般人想像的有所差距，火葬既不噁心也不駭人，死亡僅僅是生命的一個過程罷了。相較於台灣人規避談死亡怕招惹晦氣，尼泊爾人面對死亡則是坦誠與安然，不刻意避諱也不刻意區隔。正視死亡的同時，也讓人更加了解生命的可貴。巴格馬堤河是生命終點，也同時是希望的起點。人們掬飲一口、輕取一瓢，這混雜著死亡、新生、希望與未來的聖水，心靈得到救贖、苦難獲得撫慰。在這裡，生與死沒有距離，一樣存在日常生活裡。

NOTE

→ 巴格馬堤河位於瓦拉納西恆河的上游，骨灰會順著河流往印度聖河流去。

→ 河壇除了舉行火葬外，也是各種節慶的祈福儀式場所。

→ 火葬儀式是可以拍照及錄影的，但千萬要尊重死者及其家屬，不要使用閃光燈或大聲喧嘩。

→ 非印度教徒不可進入帕蘇帕提納寺的主殿，主殿的其他地方則沒有限制。

開心的沐浴者

小朋友玩的不亦樂乎

☑ 火葬場也分階級

印度教徒有嚴明的種姓制度，打從一出生，階級就一直跟著直
到死亡。而階級不同，舉行火葬的河壇也不同，上游二個河壇
分別是皇族與婆羅門專用，橋另一頭的河壇才是給其他階級使
用。

					↑ 往帕蘇帕堤納寺	等待屋
河壇	河壇	河壇			河壇	河壇
其他種姓	其他種姓	其他種姓			婆羅門	皇室專用
← 巴格馬堤河					← 巴格馬堤河	
祭司舉行祈福儀式及遊客觀禮之處				祭司舉行祈福儀式及遊客觀禮之處		

1　右手邊那幢白色建築，是將死之人及其親屬暫待的地方
2　舉行淨身儀式的喪家

☑ 種姓制度（Caste System）

在印度教特有的種姓制度中，社會上的人被劃分為婆羅門（Brahmana）、剎帝利（Chhetri）、吠舍（Vaisya）、首陀羅（Sudra）等四個階級。其中地位最高的，是掌控祭祀或統治階級的婆羅門；再來是屬於武士、貴族或藝術工匠階級的剎帝利；從事商業買賣和農耕畜牧則為吠舍階級；而社會地位最為卑微的是首陀羅，這個階級的人從事一般人比較不願意幹的苦差事或勞力工作。

種性是世代相傳的，人打從一出生就因所屬的階級，而受到各種行為上的規範及不平等的社會待遇。不同種姓階級的人不能通婚也不可以生活在一起，就連職業也都不能任意更改，在這樣的制度下，人沒有選擇的機會與權利。不過隨著時代變遷與思想的開放，越來越多的年輕人不再受傳統種姓觀念約束，而勇於追求自己想要的生活方式和交友權利，種姓制度雖然尚未完全消失，但已明顯的日漸式微中。

Dasain
一年一度達善節

　　尼泊爾一年四季可以說幾乎都在過節，因為宗教信仰的關係，整年的慶典活動相當頻繁，甚至還有節慶重疊的情況發生。世界上少有國家像尼泊爾一樣，生活裡時時充滿節慶的歡愉與熱鬧氣氛。在眾多節慶裡，為期十天的達善節是尼泊爾最隆重的慶典，這是全國性的節日，無論是信仰哪種宗教，所有的人都會參與這盛大的佳節，而在異鄉打拼的遊子，也都會想辦法返鄉和家人團聚。

熱絡的節慶氣氛

　　長長的紅甘蔗及綠薑葉從小販手裡接過；討價還價後一把拎起血祭要用的雞鴨等家禽；回程時不忘向路邊的臨時攤，剪了幾塊最後一日要掛在頸部的白紅布……

　　人們在街上來回忙碌的為達善節準備著，到處充滿著歡愉與興奮的節慶氣氛。家家戶戶除了忙著大掃除、種麥苗、購買祭祀用的物品外，還會為家裡的每一個人添購新衣新褲。最開心的莫過於婦女們，她們默默辛苦了一年，終於可以在這個日子，挑選一件美麗的紗麗，正大光明的來犒賞自己的辛勞。和台灣新年一樣，尼泊爾也有發紅包的習俗，員工除了獲得長長的假期外，還可以從雇主手中領到一個大紅包。全國各地村鎮都會架起高高的竹鞦韆、玩擲骰子及舉行放風箏比賽，讓男女老少可以好好的放鬆一下盡情的玩樂。

→ 即便每年有大批觀光客湧入來參加這個盛會，達善節終究是尼泊爾人自己的節日。走在觀光客雲集的塔美爾區，除了可以感覺到遊客變多、匯率變高，黏人的小販人數銳減，還有街上突然多了抱著嬰兒的婦女到處乞討外，其餘並沒有什麼和平時不一樣。對於初來乍到的遊客來說，這種改變其實是嗅不太出節慶氣氛，但一走出塔美爾區，眼裡看到的、耳裡聽聞的，皆充滿著一種忙碌且興奮的氛圍，而且越靠近阿山街越明顯。

1 2

這些家禽是血祭的祭品

採買祭祀用的萬壽菊

3 4

陶器交易也很熱絡

小販正為客人剪著紅白布條

風箏齊飛滿山谷

　　達善節放風箏是尼泊爾人的傳統活動，走在阿山街到處可見賣風箏的小販，大人小孩圍著滿攤子各式各樣的風箏，興高采烈仔細挑選著。新款的塑膠風箏雖然亮眼，但傳統的紙風箏還是受到較多人的青睞。特別的是，攤子上還堆滿了大大小小空的木製捲線器，小販會依照客人需求的數量，現場將風箏線捲好。加德滿都人放風箏是在各家頂樓進行的，受到當地友人的邀請，我和旅伴們也一塊體驗了尼泊爾式放風箏的樂趣。隨著友人攀上數層樓高的頂樓，視野豁然開朗，一幢幢現代化建築在加德滿都谷地裡高高低低的互相較勁著，天空除了藍天白雲外，還有無數隨風飄揚的風箏。大夥聚在自家頂樓上放風箏、野餐及聽流行音樂，到處都充滿歡笑聲，這是很不一樣的加都，讓人有種很雀躍的感覺。

一收一放樂趣無窮

　　這裡放風箏是這樣的，靠在欄杆邊，一手握著捲線器，一手將風箏放在欄杆外，趁起風時，將風箏往上扔，然後順著風的力量去收放線。說來容易，但實際執行起來卻相當困難。風箏若沒能順

1 2
賣風箏的路邊攤
這裡的人大多都是玩紙風箏

1

3 4
小朋友興高采烈的準備放風箏去
風箏線是依客人需求現綑的

3

2

4

1 2
風箏放不上去只好拿在手上乾過癮

登上頂樓放風箏別有一番樂趣

3 4
邊放風箏邊賞日落人間一大樂事

正在綁風箏線的友人

著風勢上揚，就勢必會往下摔，這一摔，紙風箏很容易就破了。而好不容易飛上去，眼看就要直上青天時卻經常突然斷線，要不，就是和別人的風箏交纏在一塊，只得眼睜睜看著它墜落。這時我才明瞭為何我們一共才六人，卻買了二十幾個風箏的原因。有時候別人家斷線的風箏飛到我們這兒來，我們就索性放起了別人的風箏，但通常只是過一下乾癮罷了，沒一會風箏就會掉落。我們的尼泊爾友人中，有一個是放風箏的好手，他動作俐落、技高一等，熟稔且快速的收線放線，看的我們是直呼叫好。用這樣的高度來體驗加德滿都，邊放風箏邊賞景，同時看著太陽西沈，細數天邊雲彩變化，實在是件極為享受的事。

返鄉團圓享佳節

第九天的「血祭」儀式是整個慶典的最高潮，這天街上特別熱鬧，女人們都換上全新的紗麗或庫兒塔，男人及孩子也換上他們新購的新衣。寺廟裡湧進了虔誠的民眾，他們帶著貢品及牲禮前來祈求祝福與庇佑，無法親自前往寺廟的人，則會在自家宰殺雞鴨或羊，祈求來年吉祥如意。達善節的最後一天，皇宮對外開放供民眾參觀，國王或王后會為前來的任何人點上蒂卡。而這一天，也是晚

輩走訪長輩家接受祝福的大日子。長輩會在晚輩的額頭上點蒂卡、送麥苗，及幫他們繫上紅白的布圈。每個人都是喜悅的，因為他們不僅難得可以返鄉和家人團聚，還可以獲得這麼多的祝福，當然個個都是笑顏開逐、知足快樂囉！

尼泊爾的節慶自古傳承下來，至今仍然深受重視，並沒有因時代的久遠，而過節氣氛有所淡化。不僅僅是達善節，全年之中的任何大大小小的節日，男女老少的信徒們通通都是引頸企盼熱烈期待。節慶，代表著人們對宗教對神靈的無限崇敬，也代表著可以和家人齊聚一堂的歡樂時刻，虔誠的尼泊爾子民一代傳一代，讓這樣的傳統得以延續，家庭向心力得以凝聚。若有機會來這裡感受一下濃烈的節慶氛圍，或許可以拾回一點在台灣早已淡化的年節氣氛與重新體認其背後的意義。

NOTE

→ 在達善節的第一天，尼泊爾人會在家中廳堂種下麥子，待幾天長出嫩苗後，人們會將麥苗插在頭上、掛在門上或者當作貢品去廟裡祭祀，這是祈求來年能夠風調雨順、五穀豐收。

→ 達善節期間，當地人都返鄉過節，大部分的小吃店都沒開張。塔美爾的餐廳仍舊會營業，但服務人員不夠，所以在送餐的品質及速度上，會比平常差很多。不過，這時候有得吃就好不能要求太多。

1 2
貢品
大排長龍準備參觀塔蕾珠神廟的民眾

3 4
七天後長出麥苗再別在頭上
人們會在達善節的第一天種麥

☑ 尼泊爾重要節慶介紹

　　尼泊爾是依據尼泊爾曆法來計算舉行節慶的時間，每年換算成西曆的日期並不一樣，下表僅以大概的西曆月分來做說明。

二月　　溼婆節（Maha Shivaratri）

數以百計的信徒和修行者，會聚集在溼婆神廟，場面最壯觀的就屬帕蘇帕堤納寺。人們奉上祭品，並走進巴格馬堤聖河沐浴及淨身。

四月　　新年（Bisket Jatra）

尼泊爾的新年，主要慶祝地點在巴克塔布。節日期間，人們拉著兩輛分別載著拜拉佛神和巴卓卡莉神的巨型戰車巡遊全城。還會豎立起一根巨大的彩色旗杆，舉行激烈的拔河比賽，藉由推倒旗杆，宣示著新年正式開始。

九月　　因陀羅節（indrajatra）

為期八天的因陀羅節，是向雨神祈求豐收的日子。除了有豎立旗杆的儀式外，還有面具舞表演。平時難見一面的活女神庫瑪莉，在這個節日期間，會由神殿戰車載著巡遊全城，供民眾膜拜瞻仰。

十月　　達善節（Dasain）

為期十天的大型秋季祭典，祈求豐收與風調雨順。為慶祝杜加女神戰勝水牛魔王，各地都會舉行動物獻祭儀式。達善節的最後一天是家庭日，全家人會聚在一起，並接受長輩的祝福。

十一月　燈節（Tihar）

為期五天的節日。家家戶戶都會點燈，以迎接財富女神的到來。節日期間會祭拜烏鴉、牛及狗，以示尊敬。燈節的最後一天是兄弟姐妹日，家中的姐妹會幫兄弟塗上蒂卡，而兄弟會回贈錢財或禮物。

6 獻神的血祭儀式

　　「血祭」是達善節最重要的儀式，也是整個慶典活動的最高潮。為了第九天的血祭，所有的人忙裡忙外辛勤準備著。到處都可以看到手裡牽著羊，或懷裡揣著雞的小販，他們在大街小巷的各個角落出沒，努力尋找有緣的買主。最熱鬧的家禽交易要屬杜巴廣場了，一個個竹編的雞籠或鴨籠堆置在地上。小販們一攤挨著一挨，邊做生意邊聊天，整個氣氛愉快又熱絡。

塗滿鮮血祈求平安

　　達善節大型動物獻祭儀式的由來，是人們為了報答杜加女神
（Durga）而開始的。傳說杜加女神奮勇戰勝經年滋擾民間的水牛
魔王，人們為了感念她的義行，每年在這個時候都在谷地內的三大
杜巴廣場，宰殺一百零八頭的羊及八頭水牛，將鮮血獻祭給女神以
做為報答。

　　血祭當天，寺廟湧進了大批虔誠的民眾，他們帶著貢品及活的
牲禮前來，排成一長排的等著血祭師為他們進行獻祭儀式。血祭師
在下刀前會在動物的頭部灑水，讓他們甩頭表示同意獻身給神靈。
宰殺的時候是一刀直接剁在頸動脈上，鮮血噴灑在神像上以祈求吉
祥。也有民眾是在自家宰殺牲禮，再將鮮血塗抹在廳堂內的神像
上，或塗在生財器具及交通工具上，以保佑吉祥如意及行車平安。
牲禮祭祀後，就是全家人難得可以享用肉品的歡樂時刻了。

1 2
剛舉行完血祭儀式的婦人
生財或交通工具都會在這天被灑上鮮血

3 4
排隊進廟的信徒
獻祭前，公雞還充當孩子的玩伴

血淋淋的獻祭儀式

　　除了一般私人家祭及杜巴廣場的大型血祭外，有些地方也會舉行公開的血祭儀式。在當地友人告知的時間內，我和旅伴抵達了阿山街附近的因陀羅廣場。沒多久就看見穿著軍服的軍人一前一後扛著一根大竹，後頭另有一人牽著一隻小羊快速前進著。他們的目的地就是因陀羅廣場的中心，也就是等會血祭舉行的地點。小羊被栓在旁邊，軍人及樂隊在一旁待命，祭司則忙著準備物品。這隻看起來年紀尚輕的小羊，安安靜靜的站在一旁，從牠平靜祥和的神情看來，肯定還不知道自己是等會的祭品。凝視模樣可愛的牠，我心存不忍的一陣酸鼻。

　　十點四十分祭典正式開始，我似懂非懂的看著祭司執行一個一個步驟，四周聚集的人潮越來越多，氣氛也異發緊張。小羊被牽

1 2 3
小羊被牽至斷頭台
祭司正在舉行血祭儀式
血祭前準備動作

4 5 6
樂師奏樂
還不知自己大難臨頭的小羊
軍人前來準備鳴槍

過來了，祭司邊在他頭部灑水、花瓣及蒂卡粉，邊唸唸有詞。接著有人拿出一根圓木頭，小羊被牽至木頭處，頭及身體分別有人固定住。操刀師亮出了刀，大夥熱烈的注視著這一幕，羊頭在軍人鳴槍的同時落地，樂師也開始奏樂。雖然早已知道小羊的命運如此，但我還是仍不住難過的情緒，趁沒人注意時，偷偷擦拭抑止不了的淚水。整個祭典儀式結束，羊的身體被抬走，所有的人也一哄而散，獨留地上那一攤鮮紅色的血水。

返回住處的路上，迎面來了輛擋風玻璃上濺滿了鮮血的卡車，而路邊寺廟的地上也到處血跡斑斑。紅稠稠的讓我們這些外來遊客有些適應不良，但當地人的臉上可充滿了愉悅的笑容，因為這除了代表著他們來年的希望得到了神靈的祝福外，還代表著今天是可以大口吃肉，和家人開心歡聚的日子。雖然血祭的存在備受爭議，不過這樣的傳統文化，並不適合用「野蠻」來解讀，對尼泊爾人來說，將動物獻祭給神靈，是幫助他們脫離被神禁錮為牲畜的命運，早日投胎重新為人，這是件成人之美的好事。不過已經有越來越多的尼泊爾人，開始體認到血祭是件殘忍的行為，而改以剖椰子做為象徵。希望這樣的觀念能夠更加普及，讓歡樂祭典可以減少一些血腥之氣。

NOTE

→ 不是每個神靈都要需要血祭，僅有像杜加（Durga）、拜拉佛（Bhairav）等的毀滅之神才需要用血來祭拜。

→ 舉行血祭時僅能用雄性的動物（水牛、羊、鴨及雞）來獻祭。

→ 挑選活女神的活動就在血祭當天舉行。

人潮散去留下一攤血水

血祭還沒結束，鴨子的命運難逃

時間在尼泊爾是悠悠的，踏入這片土地的人，也必須用著悠悠的步伐來行走，才能感受其所蘊含的靈魂。

樂

購物天堂的殺價文化

　　素有血拼天堂之稱的尼泊爾，商品琳瑯滿目到讓人眼花撩亂，該怎麼選擇是來此的遊客第一件要學會的事。在心裡下好離手後，該怎麼用滿意的價格將商品帶回去，又是一門採購的學問。在尼泊爾買東西要殺價，這是眾所皆知的事，而在地攤買東西必須下殺幾折，在店鋪買東西又要從幾折開始喊起……經驗老道的熟手不斷藉由分享來告誡新手，以免步上他們的後塵。在加德滿都生活了一陣子後才發現，不僅僅是特色商品或紀念品，就連買冷飲、水果，甚至書店裡已標價的書籍，通通都要貨比三家才不會被當成冤大頭。

商品開價因人而異

　　剛到加德滿都的頭幾天，成天在街上從街頭晃蕩到街尾，有興趣的商店就進去翻翻看看，順道試探一下行情。包包服飾類開的價都差不多，以一件開價三百五十元盧比的上衣來說，最後可以用一百五十元盧比成交。其他的大部分都是漫天開價，很難抓的準到底要從幾折開始殺起。譬如，一個小型的缽，隨便一開就是一千元盧比起跳，狠一點還有開到近二千元盧比，結果最後我用四百元盧比就買回家了。喀什米爾製品、羊毛披肩，還有珠寶、古董的，若

沒有「慧眼識英雄」的能力，最好還是找懂貨的人同行。不要說不同商店開價不一，就連同一個商店都能問到不同的價格，端看售貨人員當時對來客的判斷。他們對歐美人士開出的價，那可以說是天價，而日本人、韓國人到中國人，商家開出的價格也都不一樣。

有樣學樣見招拆招

在尼泊爾買水果，有些小販一看你是外國人，馬上就會把價格翻倍。建議在開口詢價前，先在一旁觀察當地人買了多少又付了多少錢，然後再開口詢價，這時老闆也不敢亂開價。但還是有機靈的小販識破這個的技倆，在我面前與買方合演一場戲。對方給了一張紙鈔後並沒有馬上離去，繼續和小販聊著天。然後小販就用這「檯面」上的價格賣給我，等我開心付了錢，才看到他偷偷找錢給那個買方，這時才明瞭自己又買貴了。不過，經驗是累積的，後來我學會一招就是用「數」的。一般人並不知道在尼泊爾買香蕉，價格是以香蕉的根數來計算，一根大約是二元盧比。所以當小販將一串香蕉遞過來時，要看起來很老練的樣子，先數一數有幾根，然後再問多少錢，這樣對方就會知道你是懂行情的，想在你身上多撈錢也撈不成了。

1 蘇瓦揚布塔內的紀念品店

2 面具的價格依手工精細而有不同

3 杜巴廣場前的路邊攤開價通常都很高

4 木雕的價格並不便宜

什麼都可以殺價

購物血拼要殺價，買菜買水果也要先了解行情，但沒想到連去書店買書、地圖及文具，也要貨比三家仔細訪價才行。明信片的普遍行情是一張十元盧比，有人開十五元也有人開到二十元。然而，一次買十張還可以主動要求一張降到六盧比。尼泊爾的書店不少，而書的售價不一，價差相當的大。雖然書店都有明訂價格，但千萬別懷疑，訂價很多時候只是參考值罷了。我就有個慘痛的經驗，買了一本近七百元盧比的新書，後來竟然在另一家找到同樣的二手書，一本才四百元盧比。更讓人搥心肝的是，竟然還有一家書店，同一本新書卻只賣四百四十元。然而，這個價還是未砍價前的訂價。

懊惱之際到水果店點杯冰涼的Lassi，喘口氣緩一下心情總可以吧！卻沒想到店員竟然開價五十元盧比，平常我喝的Lassi，大杯也不過才二十五元盧比，只不過換了一家喝價格就翻倍，實在是令人傻眼。我搖搖頭準備離開，沒想到對方竟然還問「How much？」，準備來個一往一返的價格戰。天呀！買個冷飲也要殺價，這未免也太誇張了吧！

1 2
詢問價格前記得要先數一下根數
尼泊爾有很多有意思的印章可以購買

3 4
帕坦古城內賣的草鞋
阿山街的陶器相當便宜

殺價是種不傷感情的互動

討價還價雖然有些累人，但大多時候無論對方開價多少，而你回價多低都不會影響交涉的心情，甚至有時候這樣的一來一往還會讓彼此笑彎了腰。一回生兩回熟，下回經過時，商家還會邀你進去坐坐，像朋友一樣喝茶聊天的。在加德滿都待上不算短的時間裡買了不少東西，漸漸的同一條街認識的商家多了起來，來回走著彼此都會打打招呼、寒喧問暖的相當有意思。

雖然有殺價並不等於一定撿得到便宜，而每間店家開價不一，也說不準到底砍到幾折才是正確，只能盡可能的多走訪幾家，多聽多問多看看。買東西就是你情我願一拍即合，並不是一定要砍到最低價，完全不吃虧才叫殺價成功。把商品在心中捻捻分量，什麼樣的價格能接受那就是好價格，可別為了十塊錢盧比，回到台灣後才又後悔莫及。最後無論成交價多少，彼此都還能微笑再見才是最重要。

→ 買任何東西前或搭車前，最好能先觀察當地人給多少錢以免被坑。

→ 有些東西不會完全一模一樣，若真心喜歡價格也還可以就買了吧！不然幾天後發現被買走了可是會很遺憾的。

→ 在尼泊爾買書看完後還可以退回。大部分的書店都接受回收二手書，而且會退還一半的價格給買方，利人利己省錢又環保。

☑ 店鋪的守護者

走進尼泊爾店鋪，經常可以發現天花板上懸掛著一串青辣椒。它是用細線先在底端串一個小檸檬固定後，再將青辣椒逐一串起，然後懸掛至入門處。當地人深信這串青辣椒會將不好的東西阻擋在外，倘若進門的都是好人，那麼辣椒就會永保青綠，若有壞人進門，辣椒就會吸取其惡靈而轉成紅色。紅透的辣椒就直接丟棄，再換一串新的來庇佑店鋪。

■ 印度手工藝品

喜愛民俗風的朋友有福了，尼泊爾可以買到用金線或鑲嵌鏡片縫製而成手工服飾及藝品，如上衣、長褲、裙子、洋裝、帽子、包包、門簾、桌布、椅套等等，一應俱全且價格便宜。

■ 喀什米爾製品

喀什米爾的地毯、椅墊、帽子、羊毛披肩、背心、皮包及胡桃雕刻木盒，非常具有特色但價格也相對昂貴，最好找識貨的人同行。除此之外，還有手工零錢包、燭台、各式精緻漆器木盒等，價格便宜的商品可以選購。

■ 紗麗布料

紗麗布料的材質選擇性很多，從棉、紗、絲、綢、緞到現代尼龍，依布料上的圖案是印染處理還是手工刺繡，價格從台幣數百元到數萬元都有。若不熟紗麗穿法，也可以挑選喜歡的布料製成披肩或圍巾使用。

購物天堂的殺價文化

■ 手工紙製品

尼泊爾有許多手工紙製品，從信紙、信封、筆記本、月曆、書籤、書卡到包裝紙等，不僅選擇性多價格也相當實惠。還有相當多具有特色的手工紙燈籠，燈籠雖可以摺合但仍舊不好攜帶，購買時請仔細思量。

■ 面具木偶

尼泊爾的面具大多以印度教神祇為造型，再繪製鮮豔明亮的色彩。材質可分木雕、銅雕、泥塑等，另外還有一種目前比較少見的龜殼鑲銀面具。除了面具外，還有五顏六色的懸絲木偶可以購買，相當受遊客喜愛。

■ 傳統手作樂器

在塔美爾區走動經常可以看到賣四弦琴的小販，那是當地人稱它為沙鈴吉（Sarangee）的傳統樂器，價格依大小及木雕的精細而有不同。還有一種也相當值得收藏的就是尼泊爾的打擊樂鼓Madal，在Chhetrapati有數間手作坊可以參觀，價格也比其他地方賣的便宜。

■ 銀器與飾品

銀製品在尼泊爾相當普遍，項鍊、耳環、手環、戒指、腳鍊，還有首飾盒、銀製刀叉組、鼻煙壺等等應有盡有廣受遊客的喜歡，但品質良莠不齊購買時需注意手工鑲嵌部分有無脫落。在帕坦有非常多的手作坊，可以訂作自己喜歡的樣式，但價格並不便宜。

■ 廓爾喀彎刀

尼泊爾的廓爾喀彎刀相當有名，但市面上販售的彎刀充斥著假貨且品質良莠不齊。真正的廓爾喀刀在刀身底部有個小小V形凹痕，而刀鞘背後也應有二把小刀可以用來去皮和削東西用。

■ 藏傳佛教宗教用品

銅或銀製的藏傳佛教宗教用品很多，如轉經筒、佛像、金鋼杵、缽及茶碗等。還有五色經幡、刻有六字真言的瑪尼石、唐卡、護身符、冥思符、符咒盒等皆可在各大景區買得到。

■ 銅器與陶器

尼泊爾有相當多的銅製品，都是以重量來計價，在帕坦的銅器街及加德滿都的阿山街可以挖到不少寶。巴克塔布以製陶聞名，古城內盡是琳瑯滿目的陶製品，價格不是問題，但重量及體積是購買時應該列入的考慮範圍內。

■ 辛香料

在尼泊爾有各式各樣天然植物製作而成的香料，剛開始選購可能會毫無頭緒，可以請店員介紹並要求試嘗味道，再來決定是否購買。店內販售的香料，包裝上大多會附上成分表及提供簡易的烹飪方式。除了單售外，還有綜合包可以選擇。

■ 紅茶

尼泊爾紅茶有瑪薩拉茶、依藍姆高山茶、茉莉花茶、印度的大吉嶺紅茶和阿薩姆紅茶等。在加德滿都到處都可以看到同時販售香料及茶葉的店鋪，自用的話可以選擇散裝價格較實惠，同時可以檢驗一下品質。若要送禮的話，也有很多精美包裝可以選擇。

2　Asan Tole
鑽進市集直搗阿山街

　　初抵加德滿都的遊客，百分之九十九會先往塔美爾去，原因無它，那裡聚集了無數的旅館、餐廳、旅行社及各式各樣的紀念品商品，是大部分自助旅行者的據點。但卸下行李後，懂門路的人就會往阿山街（Asan Tole）鑽了。阿山街是加德滿都舊城的中心，它不是單指一條街的街名，而是一個交叉路口、一塊區域。從早到晚，阿山街永遠都人滿為患熱鬧喧囂，它除了是當地人日常用品採購之地外，還是尼泊爾最熱絡的穀類交易及人力市場集散地。在這個商業活動頻繁人潮聚集之處，無論是吃的穿的用的，甚至稀奇古怪的東西，通通應有盡有任君選擇。走一趟阿山街，包準讓人眼界大開收穫滿滿。

傳統市集活力無限

　　擠進阿山街古市集就等於擠進一場絢爛耀目的嘉年華。鮮綠、豔黃、烈紅的各式蔬果與香料，成堆成塔的在街邊招搖。乾貨雜貨飾品布料皮包鞋子還有各種日用品，琳瑯滿目的不斷迷惑人心。穿梭在市集中的，有身穿鮮豔庫兒塔忙著採買的女人，挑著雞蛋或奶酪的小販，提鐵架送奶茶的小弟，身穿紗麗托著銅盤要到廟裡進貢的婦女，還有頂著一大籃沈甸甸水果的小販，彎腰駝背吃力扛著誇張體積及重量貨物的挑夫，腳踏車前後掛滿鋁罐的送牛奶男子，及頭戴直條紋船形帽等著客人上門的三輪車夫。席地而坐的小販邊幫眼前的客人秤重打包，邊向另一婦人招攬生意，還不忘接過在人群裡伸出遞錢的手及向經過的來者喊上一聲。賣笛子賣皮包還有賣小吃的流動攤販個個皆使出奇招，扛的提的抱的還是頂的，只為了能在擁擠環境裡搶得容身之處。市集裡吃喝叫賣聲不絕於耳，到處充斥著紛亂吵雜但充滿活力的景象。

1
賣辛香料的小販

2
在尼泊爾大部分的魚是製成魚乾來販售

3
小小年紀就懂得做生意

4
廟宇基座也成了布料的伸展台

沿著阿山街主街往因陀羅廣場(Indra Chowk)走去，人潮依舊但布料、紗麗、毛氈、紡織品或羊毛披肩的商鋪或攤位，取代了蔬果、香料及穀物的地位，一躍而上成了市集裡的主角。一間挨著一挨間的布料坊，驕傲的展示著店內齊全的貨色。絢麗多彩的紗麗也不遑多讓，從傳統尼泊爾樓房樓上披垂而下，硬是要讓人仰臉欣賞讚嘆。廟宇的基座臺階成了各式織品的伸展台，一塊塊或堆或疊或披掛，爭奇鬥妍的相互較勁著。這裡是就著名的紡織品與「帕須米那」(Pashmina)軟羊毛披肩集散地，商人小販們來此批發交易，婦女與遊客則興高采烈的擠身其中盡情選購。

銅器論斤賣陶器任你挑

黃銅器皿是尼泊爾人生活中不可或缺的要件，從各式各樣的祭祀用品到大大小小的佛像，幾乎都是黃銅的世界。在阿山街裡經常可以看到販售銅器的店鋪，那些亮澄澄的水瓶、托盤、油燈、香爐、供杯……從店內一直懸掛到店外，琳瑯滿目繽紛耀眼。大一點的器皿如水瓶或淺盆則堆疊在地上，形成美麗的幾何圖形。仔細一瞧，這些販售黃銅器皿的店鋪，都擺了一個超大型的天秤在裡頭。原來，這裡的銅器是論斤秤兩的，無論你挑的是佛像或是一般器

1 路邊的理髮小鋪
2 正在等待生意上門的搬運工
3 賣紗麗的路邊攤
4 天黑了阿山街依舊熱鬧

1 2 在尼泊爾銅器是秤斤賣的 這公雞造型的陶片是放在屋頂的四個角裝飾用的

3 4 賣陶器的婦女 琳瑯滿目的銅器店

皿，統統都是以重量來計價。所以同款的東西卻不一樣同價，總有那麼幾個特別輕一點或重一點，如果想替荷包省一點錢的話，那就得仔細在裡頭好好挑選了。

在因陀羅廣場附近，有二、三間連在一起的陶器店，堆滿了大量的粗坯陶器，形成了一個小小的陶器市集。這些陶器看似不要錢一樣，在店內店外隨意堆放著，沾染了一層灰塵不說，還不少是缺口斷腳的。旅伴和我在這樣的陶堆中小心翻找，拂去灰塵後再仔細端詳著。看似相同的陶製品卻有著不同的弧形與厚度，因此每一件都是獨一無二而且各具特色。手作的質樸與憨拙感讓人愛不釋手，我們像藝術鑑賞家仔細的把玩揀選，在鍾意程度與背包容量中不斷來回捻量著。陶器市集雖小，但可以滿足人們挖寶的樂趣，讓人一不小心就耗掉了半天的時光。

迷路是一場美麗的驚喜

阿山街的曲徑小道特別的多，不僅錯綜複雜而且還十分相似，初次來此的人很難不迷路。記得頭幾回逛累了想離開，卻怎麼也走不出去，始終在裡頭打轉。既然沒了方向我索性到處亂鑽，巷底那

頭等待的有時候是靜謐幽暗的死巷，有時候是有孩子奔跑的開闊中庭，或是另一場更加盛大熱絡的市集。也有可能一巷之隔卻恍若幾個世紀之遙，乍然從舊時代來到了新世紀，汽車取代了人力三輪車，古樸的木造磚房陡然變成鋼筋水泥的樓房。迷路的樂趣是在不知道自己即將面對的風景是什麼，因為沒有事先設想沒有期待，往往更能讓人感動於眼前的驚喜。

市集裡穿透的活力，是一種會讓人腎上腺素莫名攀升的氛圍，穿梭其中嗅得當地人生活的氣味，是感受在地文化最直接的方式。來尼泊爾旅行，阿山街是絕對不容錯過的一處，別怕迷路讓自己隨興遊走盡情探索，好好感受豐富迷人的在地文化。

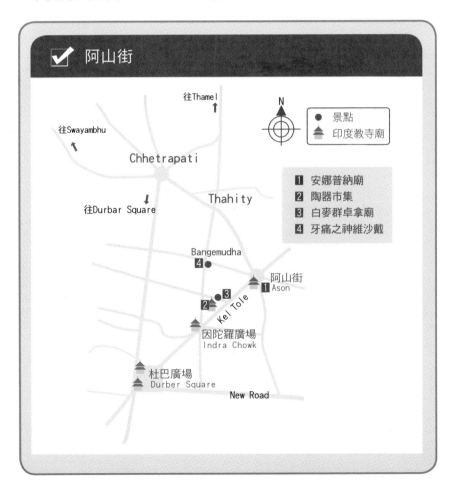

☑ 阿山街的景點介紹

■ 安娜普納廟(Annapurna Temple)

位於阿山街廣場交會點，三層鍍金屋頂上飛翹的簷角是此廟的最大特色，廟內供奉的是米糧之神一安娜普納女神。廟的周圍到處販售著黃澄澄的黃壽菊及葉子製成的碗供祭祀用，經過的人都會搖動銅鈴祈福膜拜，香火鼎盛的熱絡氣氛，成了市集裡另一處迷人風景。

■ 白麥群卓拿廟（Seto Machhendranath）

地位崇高的白麥群卓拿廟，藏身於凱爾街(Khel Tole)巷內的中庭裡。一走進中庭，數量驚人的鴿群便展翅亂舞，但很快的就安靜下來，停在鍍銅的屋頂，或廟前的石柱與雕像上。廟的外圍用鍛鐵整個包覆起來，陽光輕灑在鍛鐵上形成了美麗的影子，相當的迷人。

■ 牙痛之神維沙戴（Vaisha Dev）

在Bangemudha廣場，有一塊釘滿硬幣的木頭，這裡供奉的是牙痛之神維沙戴。患牙疾的人會來此釘上一塊硬幣獻給維沙戴，以消解牙痛之苦。

3 | Durbar Square
巨木建起的繁華古城

　　傳說是這樣的，加德滿都此城之始，源自於一棵巨大的神樹。人們用神樹建造了一個房子，也就是今日的木屋「加薩滿達」，以此地為交易據點漸漸向外發展，而成了今日的加德滿都。在現代化的浪潮下，尼泊爾各地越來越多的水泥樓房取代了傳統的木雕磚房，即便如此，杜巴廣場上的皇宮與廟寺建築，仍不受時代的驚擾，依然綻放著昔日的美麗。

原汁原味的庶民景象

　　清晨，當加德滿都各地還在甦醒，懸掛在木屋周圍柵欄上的萬壽菊花串，便黃燦燦的迫不及待向世人宣告著一日的開始。梭櫚樹葉製成的葉子碗也不甘示弱，有的堆疊成數個小塔想引人注目，有的乾脆直接擺上紛繽貢品，讓經過的人順手帶一份到廟裡去。在窄小店內、拱廊間、街角處，甚至廟宇基台上，蔬果、魚乾、香料、乾貨、薰香、香柱及日用品，各自佔領著屬於自己的舞台。商人小販辛勤的擺設商品與整理貨物，水果小販將裝滿水果的腳踏車就定位後開始吆喝生意，來自各地的搬運工則坐在一角準備隨時上工。廟前銅鈴聲、攤販叫賣聲、討價還價聲、還有三輪車穿梭其中的喇

叭聲，空氣中瀰漫的是交易活絡的氛圍，那是古代每日的庶民生活景象，卻在二十一世紀的今日依舊熱鬧上演。

登高望遠俯瞰人生百態

在遊客人潮出現前，穿梭在寺廟林立的杜巴廣場裡是端著貢品的虔誠信徒。他們排成一長排等著搖鈴點燈燃香供花，最後在額頭點上蒂卡後，再匆匆趕著去上班，或回家把受到祝福的貢品分享給家人。有人還會特地帶上玉米粒或其他穀物，在經過賈格納許廟前小廣場時餵撒一把造福鴿子與黃牛。杜巴廣場上舊皇宮和寺廟建築至今依舊完好，這些建於馬拉王朝時期的精彩古典建築與雕刻工藝，對異地遊客來說是供瞻仰的藝術品，但對當地人來說則是每日生活場景的一部分。你可以按圖索驥逐一欣賞其建築雕工的精美技術，也可以乾脆隨性的漫步遊走，甚至登上溼婆神廟高高的基座，俯瞰廣場四周的眾生百態，享受愜意且涼爽的悠閒時光。

NOTE

→ 杜巴廣場與周遭的建築並沒有很清楚的分野，在附近隨便走一走就會不小心進到杜巴廣場的腹地。廣場是收錢的，只要你一踏入範圍內，就會有人提醒你該購票了。

→ 拿著當日票根至廣場辦公室（巴山塔布旁的一幢白色建築），提交二張照片及出示護照並告知對方停留天數，就可以拿到一張通行證，往後在杜巴廣場走動時只要拿出通行證皆可暢行無阻，毋須再次購票。

1 2
魚乾鋪
賈格納許廟前的小廣場

3 4
杜巴廣場一景
梭欏樹葉製成的碗

✅ 杜巴廣場

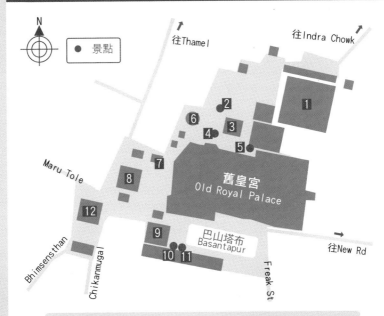

往Thamel
往Indra Chowk

Maru Tole

舊皇宮
Old Royal Palace

巴山塔布
Basantapur

往New Rd

Bhimsensthan

Chikanmugal

Freak St

● 景點

1	塔蕾珠神廟	7	溼婆神與巴瓦娣廟
2	黑拉拜佛神像	8	溼婆神廟
3	賈格納許廟	9	庫瑪莉女神廟
4	普拉塔布馬拉國王雕像柱	10	辦公室（可在此辦通行證）
5	哈努曼猴神宮	11	郵局
6	庫里須那廟	12	加薩滿達（木屋）

■ 庫瑪莉女神廟（Kumari Bahal）

即活女神廟。是一幢發人思古的迷人建築，紅磚牆面上鑲嵌著多
扇精雕細琢的木造窗櫺。兩座彩色的石獅雄踞在正門旁護衛著女
神廟，入內是一靜謐詳和的中庭，若在中庭內的捐獻箱中投錢並
輕喚「Kumari」，或許有機會可以一睹活女神的真面貌。

✔ 杜巴廣場的景點介紹

■ 塔蕾珠神廟（Taleju Bhawan）

廣場上最宏偉高聳的一幢建築，廟內供奉的是塔蕾珠女神，屬於皇宮的專屬寺廟。平時並不對外開放，僅在達善節血祭當天才開放給印度教徒參拜。一年一度的難得機會，讓信徒們心甘情願大排長龍。

■ 賈格納許廟（Jagannath Temple）

以寺廟樑柱上刻有男女交歡的性愛木雕為名，故又稱性廟。對尼泊爾人而言，濕婆與性力女神的結合，代表著生命力的泉源及隱喻宇宙兩極的合一。廟前廣場可以見到悠閒漫步的黃牛，及數量龐大的鴿群在此棲息。

■ 黑拜拉佛神像（Kal Bhairav）

皮膚漆黑且面目猙獰的巨大黑拜拉佛神像，是濕婆神最可怕的化身。祂頭戴骷髏榮冠，手持斧頭、利劍、盾牌與頭骨等兵器，腳底還踩踏著一具屍體。人們相信黑拜拉佛能平息爭端，若在祂面前說謊者必遭不測。

■ 巴山塔布（Basantapur）

巴山塔布廣場是小販雲集的之地，這裡有不少的琳瑯滿目的工藝品與商品，可供愛掏寶的人好好血拼一番。除此之外，早上廣場邊還有不少物美價廉的奶茶及煎餅攤，邊吃東西邊和當地人聊聊天，相當的快活。

4 Swayambhu
登高望遠拜佛塔

　　攤開加德滿都旅遊地圖，位於塔美爾的西邊有一塊標示著綠色區塊，那是一座蓊鬱清幽的山丘，俯瞰谷地的極佳之地。山丘頂端座落著尼泊爾著名的蘇瓦揚布拿佛塔（Swayambhu），高聳的金色塔身成了加德滿都一大地標，稍稍登高就能清楚看到它的所在。從塔美爾南端的五岔路口（Chhetrapati）順著路一直步行而去，就可以直抵佛塔的山腳入口處，路程不長約二公里左右，步行是個相當好的選擇。

居高臨下俯瞰美麗山城

　　從塔美爾一路走來，過了毘溼奴馬堤河（Bisnumati）地勢便明顯開始攀升。跨過橋旁邊一側有個小型的火葬場，但它太不明顯了，要不是管理員主動說明，還真難讓人發現它的存在。從這裡開始就是一連串蜿蜒的石階，置身於滿眼綠意的環境令人感到十分的舒服。登上石階後來到了一個小聚落，人們在門口擺上一張木桌子，堆滿了一盤盤的貢品販售給往來的信徒。沿著平緩的山路繼續步行，沒多久就來到了蘇瓦揚布拿佛塔的山腳入口處。

　　一路走來毋須擔心迷失方向，只要抬眼皆能見到佛塔的身影。沒想到好不容易走到入口，佛塔卻收起光芒隱身在一片濃蔭林後，眼前開展的是一段看不到末端的陡直階梯，想要一覽佛塔真面目就得登上三百多級的石階才行。所幸四周林木深幽、靜謐迷人，而且沿途還可以欣賞巨大的石佛及成對的孔雀、飛馬、大象及雄獅等動物石像，步行起來身體雖累但心情極為舒暢。隨著登上的級數增加，視野也愈加開闊，當氣喘吁吁登上置高點時，換來的是谷地山城盡收眼底的美麗報償。

1　2
入口處有數尊巨大的佛像
遊客必須爬上三百多級的階梯才能抵達佛塔

3　4
佛塔四周環境清幽
登高望遠美景盡收眼底

佛教印度教和諧一體

　　蘇瓦揚布拿佛塔至少有二千五百年以上的歷史，其巨大白色半球體的基座是宇宙的象徵，金色塔身四周繪製的巨大佛眼，代表著釋迦牟尼佛的眼睛，居高臨下注視著芸芸眾生。佛眼下方有一個宛如問號的圖符，那個其實是尼泊爾數字「1」，代表著和諧一體與萬物歸一之意。從佛塔頂端向四面八方披掛的五色經幡，到環繞著佛塔四周的轉經筒，可以看出這裡深受藏傳佛教的影響。朝聖者依著順時針方向，一邊轉動經筒一邊繞塔而行，更虔誠的還會同時吟誦六字真言。佛塔旁有供喇嘛修行誦經的喇嘛寺外，也有印度廟讓印度教徒來此點燈供花。前來膜拜佛塔的大多是佛教徒及藏人，但也可以見到印度教徒繞塔祈福，一個聖地極為融洽的混合著兩種宗教，恰恰符合了「和諧一體」之意。

菩薩的頭蝨滿為患

　　在佛塔周圍走動，除了仰望欣賞宗教建築藝術外，還得留心四處騷動的猴子們。牠們數量驚人且行為大膽，在佛塔腹地的任何一處大剌剌的躺著、恣意玩耍嬉戲、打架滋事、翻找垃圾桶，甚至目

1　蘇瓦揚布拿佛塔

2　蘇瓦揚布拿佛塔一景

3　佛塔四周的猴子滿為患

4　佛塔周圍有一圈的轉經筒

光犀利的對準遊客伺機搶食。這些行為囂張的猴群來頭可不小，據說文殊菩薩在此剃掉了三千髮絲，削下的頭髮變成了濃密的樹林，而頭蝨則變成了頑皮的「聖猴」。頭蝨的繁殖力驚人讓佛塔猴滿為患，因此蘇瓦揚布拿佛塔又被稱作為「猴廟」。雖然猴兒頑皮的有些過頭，讓個個來此的信徒與遊客無不小心提防，但他們彼此間嬉鬧的逗趣表情與姿態著實可愛，讓人看了不禁莞爾。

　　除了東面山腳下通往正門的長階梯外，蘇瓦揚布拿佛塔的入口其實尚有一處。大部分搭車前來的遊客，會選擇位於佛塔西南方的入口進入，這條路的臺階較少且階梯坡度也較平緩些。不過我還是比較喜歡由正門進入，雖耗費費腳力但用這樣的方式一步步接近佛塔，從完全看不見到模糊形影，然後漸而明亮清晰，這樣的過程讓佛塔更顯莊嚴與雄偉，對佛塔的心也亦加崇敬。

☑ 蘇瓦揚布拿佛塔

N

● 景點
🛕 印度教寺廟
🛕 佛塔

毘濕奴馬提河 (Bisnumati)

蘇瓦揚布拿佛塔
Swayambhu

佛陀公園
Buddha Park

Ring Road

往Thamel

1 入口1－需爬上三百級階梯
2 入口2－可直接坐車至此
3 佛陀公園－有許多三尊大型的金佛
4 公車搭車處－但無車直抵塔美爾

5 Pashupatinath & Bouddha
從天堂聖水到人間聖地

加德滿都谷地最著名的三大寺廟，除了位於西郊的蘇瓦揚布拿佛塔外，另外二大寺廟—帕蘇帕堤納寺（Pashupatinath）和博拿佛塔（Bodhnath）則都在谷地的東邊。一個是尼泊爾最重要的印度教廟宇，另一個則是藏傳佛教在尼國的重要根據地，兩個不同宗教聖地間有步道與小徑相連，構成了極佳的散步路線。

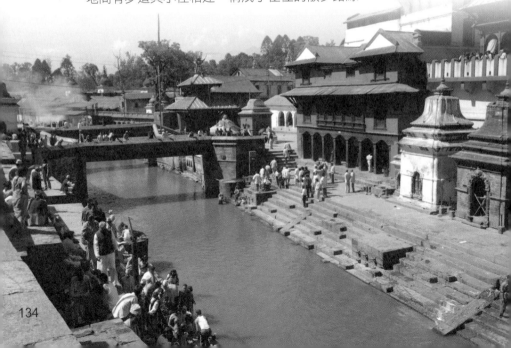

告別亡者祈禱新生

　　從塔美爾到帕蘇帕堤納寺大約五公里，雖然有公車可達但其實悠閒散步過去，不消一個小時也就到了。只不過好不容易抵達這著名的溼婆神廟，卻只能在門口好奇張望。這座三百年前雄踞在此的三重式金頂建築，是屬於印度教徒的私有聖地，其他教徒則一律不准進入。但門票還是得買的，多數來此的遊客其實是為了帕蘇帕堤納寺後方那極富盛名的巴格馬堤河。河邊的數個河壇是印度教徒舉行火葬的地方，儀式是公開的，不僅是外國遊客，就連當地人也會前來觀禮。

　　跨過橋來到河的對岸，可以見到十一座白色石造舍利塔正對著神廟，每座舍利塔的造型完全相同，方形的塔身裝飾著神祇浮雕，一座座整齊的排列在綠茵草地的平臺上。塔內供奉的都是隱喻男性生殖器的靈甘（Lingum），有著人們祈求豐饒多產的象徵，河的對岸在告別亡者，此岸卻祈禱新生。當我在思索著生與死的同時，不少猴兒則在舍利塔上頑皮的嬉鬧著，甚至在動我的歪腦筋，看看能否在我身上撈點什麼來解解饞。

1 2
準備火化的遺體
十一座造型相同的舍利塔

3 4
舍利塔內的靈甘
前來觀禮的人

攀過凱拉希山丘

　　沿著後方的石板階梯拾級而上，可以抵達一個高台。高台上設有一整排的長型木椅，供人在綠蔭清風中休息賞景，這裡是凱拉希山丘（Mount Kailash）的腹地，俯瞰帕蘇帕堤納寺全貌極佳之地。除了其他遊客外，與我一同賞景的還有數量驚人的群猴。全然放鬆之際忘了身旁虎視眈眈猴子們的存在，旅伴和我竟然忘情的拿出麵包充飢。說時遲那時快，一隻原本坐在石牆上的猴子向旅伴飛衝過來，麵包裡的內餡瞬間噴向四周，我的臉及衣服上都沾滿黏稠的蘋果餡。周圍的人笑看這場猴子鬧劇，早已見怪不怪。

　　攀過凱拉希山丘順勢下行，再次來到巴格馬堤河畔。穿過小小的鐵橋後，等待著的是一個恬靜的村落。舊式磚造房及新穎水泥樓房散落在街道兩旁，偶爾還有農田與曠地穿插其中。午後，在門前陰涼處鋪上草席或薄褥，人們就坐在其上與鄰居話家常。光著身赤著腳的、吸著鼻涕的，還有剛哭完的孩子們，爭相在鏡頭前露出一個個笑臉，大人們則在一旁微笑注視著這一幕。順著街漫步前行，

1　2
一同賞景的還有猴子們
沿著石階而上可抵達高台

3　4
帕蘇帕堤納寺全貌
可休息賞景的高台

1 往博拿佛塔的路上
2 畫唐卡的年輕人
3 路邊洗衣沐浴的婦女

4 往博拿佛塔的路上
5 路邊的小小雜貨鋪
6 可愛的孩子們

朝路旁洗衣的婦人們打聲招呼，向拿著核桃玩賭錢遊戲的人群裡探頭，還跟著剛放學孩童的腳步，經過了小小雜貨店、路邊理髮鋪，還有無數間小吃鋪後，抵達了谷地最大的佛塔。

在尼泊爾遇見西藏

　　博拿佛塔座落於一片寬闊的廣場上，商家及餐廳在佛塔的四周集結，形成一個環狀的商圈。一般從外面無法窺見佛塔的全貌，得穿過商圈才能一探究竟。一接近廣場，濃濃的酥油味及杜松的薰香隨即撲鼻而來，隨風簌簌作響的五彩經幡，正飄蕩著祈福之歌。藏民與喇嘛手持念珠口中唸唸有詞的繞著佛塔轉……這原本是屬於西藏的氣味與色彩，卻在另一個空間重現，這陌生中的熟悉感，對

旅人來說是一種親切。白色巨大的博拿佛塔除了樸實外，還多了份平易近人的特質。人們可以順時針繞著佛塔一層層登高，甚至還可以登上塔頂尖端。四層面積逐次縮減的塔基，除了供信徒繞塔外，還是人們歇息與賞景之處。晚風吹來，看著太陽西沈，別有一番況味。

→ 從塔美爾步行至帕蘇帕堤納寺約一個小時，從帕蘇帕堤納寺步行至博拿佛塔約二、三十分鐘。兩地皆有公車可達。

→ 帕蘇帕堤納寺僅限印度教徒可以入內，遊客若要參觀火葬場需從寺廟旁的小路進去。那裡有一個售票亭，需要購票才能入內。

→ 參觀博拿佛塔時要記得繞著佛塔轉時針走。佛塔的塔基可以層層登高，坐在上頭吹風賞景看日落，相當的舒服愜意。

1 2 3
博拿佛塔四周到處都有喇嘛
坐在塔基上吹風賞景很舒服
可以登上塔基轉塔

4 5 6
看著夕陽西沈別有一番況味
人們喜歡坐在佛塔上休息
隨風飄揚的五彩經幡

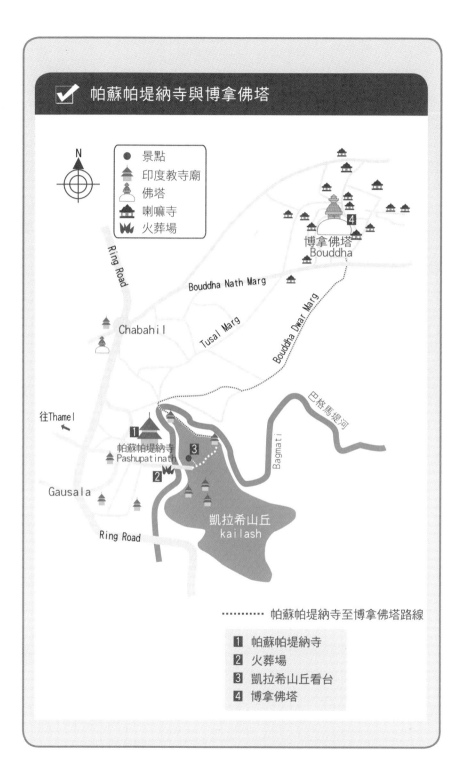

帕蘇帕堤納寺與博拿佛塔

●	景點
🛕	印度教寺廟
🛕	佛塔
🏯	喇嘛寺
🔥	火葬場

N

博拿佛塔
Bouddha

4

Ring Road

Bouddha Nath Marg

Tusal Marg

Bouddha Dwar Marg

Chabahil

巴格馬堤河

往Thamel

帕蘇帕堤納寺
Pashupatinath

1

3

2

Bagmati

Gausala

凱拉希山丘
kailash

Ring Road

········· 帕蘇帕堤納寺至博拿佛塔路線

1 帕蘇帕堤納寺
2 火葬場
3 凱拉希山丘看台
4 博拿佛塔

6 Patan
源遠流長的藝術之都

　　很少見到像加德滿都與帕坦這樣，城市與城市的距離可以如此親近。要不是巴格馬堤河強行從中切入，它們彼此的界線可能更加模糊曖昧。乘著車子跨過橋的另一側，正式進入了帕坦腹地，沒多久一座悠遠的佛教古城便矗立在眼前。古城內的道路以杜巴廣場為中心向外伸延發展，上百座櫛比鱗次的佛寺與廟宇古蹟環繞在廣場四周，古色古香的訴説著數百年的歷史。

美好的藝術體現在生活裡

　　不僅僅是這些古蹟建築群，帕坦尋常人家的生活空間也相當值得一探。民居的大門除了刻上精美的木雕圖案外，還可以欣賞到當地人在大門四周彩繪的巧思。座落在縱橫交錯的小徑上，是無數大小的庭院、廣場、水井與水池，精緻繁複的木刻石雕及鑄銅藝品遍佈其上，每一個轉角都讓人驚豔。在古城內遊走一一細覽，終會明白那雕梁畫棟宣示的是帕坦子民的驕傲，這裡才是加德滿都谷地真正藝術與建築的發祥地。

　　往杜巴廣場的南邊步行，可以聽到叮叮咚咚的聲響，那是銅器打造的聲音，來自街上的一間間手作工坊。這條街不是販賣黃

銅器皿的小店就是製作銅器的工坊，因此被稱之為銅器街（Copper Steet）。黃銅是尼泊爾在生活上大量被使用的材料，不僅是鍋碗瓢盆、花瓶水壺、燭台、油燈、香爐、供杯等生活器皿及等祭祀用品，還有寺廟的神像及裝飾物，都看得到黃銅的蹤影。步行在銅器街上，眼前盡是光燦燦的銅製器皿，從天花板一直到地上或擺或放或懸掛，吸引許多當地人在此流連挑選。

很多東西因為古老而美麗，然而帕坦的美麗不僅在於古老，還在於她令人驚豔的木雕、繪畫及金銀銅器等傳統的工藝技術。藝術家們集中在這個城市，用一雙雙手依循千年的古法，精雕細琢的將藝術刻畫在屋簷、門楣、窗櫺、樑柱、佛像、神龕及任何一個角落裡。漫步在古城內的巷弄小徑，隨時都可以探得歲月的悠悠及世代傳承的美麗。

NOTE
→ 帕坦離加德滿都很近，搭車過個橋就到了，毋須特別安排在這裡住宿。
→ 帕坦可看的景點相當多，特別是喜歡建築木雕的人，在巷弄小徑裡也可以挖到不少寶，至少要留一天的時間。
→ 清晨的杜巴廣場是居民生活的場景，寺廟台階上擺滿了新鮮的蔬果與商品，還有不少的小吃攤及奶茶鋪。穿梭其中的還有不少等待上工的搬運工。

1 2
杜巴廣場
民居大門四周的彩繪

3 4
銅器街的作坊
帕坦古城西側入口

✔ 帕坦古城

巴格馬堤河（Bagmati）

N

- ● 售票亭
- ■ 露天水池
- ▲ 印度教寺廟

往Kathmandu

4
Kumbeshwar
Temple

3

1 **2**
杜巴廣場

5

6

此入口為多數遊客遊覽
帕坦的起始點

1 庫里須納寺
2 曼嘉水池
3 黃金寺廟
4 庫貝須瓦爾寺廟
5 銅器街
6 千佛塔

源遠流長的藝術之都

☑ 杜巴廣場的景點介紹

■ 庫里須納寺（Krishna Mandir）

廣場裡最特殊的建築，整座寺廟以石材建成，屬於印度蒙兀兒風格。廟內一、二層的橫樑刻有印度史詩「羅摩衍那」和「摩訶婆羅多」的故事與場景。一座金色的毘濕奴座騎神鷹Garuda，正對著寺廟豎立著。

■ 黃金寺廟（Golden Temple）

一座精緻華麗的三層屋頂寺廟建築，正面是純銅鍍金的貼面。寺廟中庭內有一座吸引人的金色小廟，屋頂和屋簷皆是鍍金的雕飾，後方也有許多精緻的銅雕可以觀賞。可以由寺廟人員的帶領下參觀二樓的喇嘛寺，但需要支付一點香油錢。

■ 千佛塔（Maha Baudha）

廣場的東南邊的千佛塔，位於一條窄小陰暗的小巷內的中庭裡，非常不容易找尋。佛寺上鑲嵌著數千片陶磚，這些陶磚上都刻製著一尊尊的佛像，相當的壯觀。千佛塔的正殿外擺著一個巨大的金剛杵，還有讓信徒供燈的燭台。

■ 曼嘉水池（Manga Hiti）

廣場北邊的一座連花造型水池。水池有三個雕刻細緻的鱷魚頭形石雕噴水口，經常可以見到當地人在這裡盛水及洗衣沐浴。水池前方有座Mani Mandap看台，看台的檐柱上刻有男女交歡的性愛木雕，這裡也是當地人經常休息聚集的地方。

古城悠悠時光漫漫

　　露天水池內幾名婦女正各自擁著一小塊區域認真搗衣刷洗，層積著歲月容顏的青苔在紅磚壁間蔓延，池子四周的平臺成了曬陶場，一整片陶碗整齊的鋪陳開來，成就一種有秩序的美感。不僅僅這裡，往前步行不久，馬路邊也晾曬了數排待乾的陶製品。一位身穿紅裙的婦女，抱著一疊乾透的陶碗鑽進小巷裡，隨著她的步伐來到了一個小小製陶工坊，就這樣我一腳踏進了巴克塔布。

時光停駐的悠悠古城

　　二、三樓層高的傳統尼瓦式建築，一棟接著一棟串起了一座城，棕紅磚牆的樸拙溫潤與木雕窗櫺的繁複精緻，讓整座古城飄散在深沈靜謐的氛圍中。陽光下，人們攤開一張張的床單與被褥，用鐵耙鋪平金燦燦剛收成的穀粒。二樓木窗內布幔掀起的一角，是正低著頭工作的縫紉師，對門的小姑娘在臺階上就著一小盆清水洗頭沐浴，稍遠處三三兩兩的人或坐或站的聚在一塊話家常。提著銅壺的人朝水井步去，雞鴨在街上遊走覓食，孩子在巷內奔跑嬉戲，還有一隻狗兒正偷吃有人暫放在門前的奶酪。石磚小徑將寺廟、神殿、庭院、廣場、水井和水池連接起來，鋪就整個巴克塔布居民的生活空間。行走在紛亂如織的巷弄，很容易讓人迷失了方向，但這樣也好，因為古老國度的底蘊，總讓人在不經意時偶遇。

1 2

到處都可以曬陶

站在門前洗頭的姑娘

3 4

廣場上曬穀的婦女

小朋友在巷內奔跑嬉戲

數大之美的陶器廣場

　　巴克塔布雖有相當多經典出色的建築，但最具魅力的地方就是陶器廣場了。還未走進廣場，就可以發現樸拙的陶製品在平臺、中庭、石階或轉角處任何一個地方出現。當視線被成千成百的陶缽、陶盆、陶瓶與陶碗給佔據時，無庸置疑，那是令人驚豔的數大之美。廣場上的顏色不是千篇一律的，它是由紅棕、土黃、鐵灰還有深灰交疊而成。這裡依舊承襲著上一代的手工傳統製陶與分工方式，拉胚與捏陶大多是男人的工作，而女人則負責修陶與曬陶。廣場的四周到處可見拿著竹竿吃力攪動轆轤的身影，看著不斷旋轉的轆轤，讓人不由得萌生睡意，能在這樣的氛圍下悠然睡去，也是一種的幸福。

　　巴克塔布吸引我的地方，是那裡的生活有著歷史的氣味。靜靜地吸一口氣，就會發現空氣中飄散的是古城的悠悠，時光停駐的漫漫。

1 陶器廣場
2 曬陶的婦女
3 捏陶與修陶
4 棚子下是手工轆轤台

☑ 巴克塔布

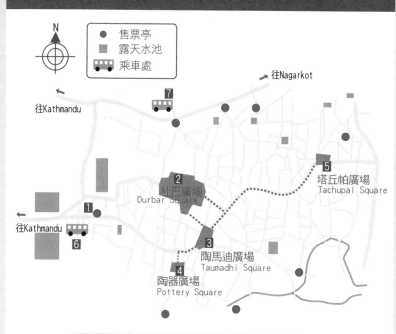

N

● 售票亭
▪ 露天水池
🚌 乘車處

往Nagarkot

往Kathmandu

7 🚌

2 杜巴廣場
Durbar Square

5 塔丘帕廣場
Tachupal Square

1 城門入口

往Kathmandu
🚌 **6**

3 陶馬迪廣場
Taumadhi Square

4
陶器廣場
Pottery Square

1 城門入口		**5** 塔丘帕廣場
2 杜巴廣場		**6** 往來加德滿都公車乘車處
3 陶馬迪廣場		**7** 旅遊客車及計程車乘車處
4 陶器廣場		

Pokhara
費娃湖畔的旅人天堂

　　在遠離喧囂之地緩緩醒來，看著天邊皓皓雪峰慢慢甦醒，滿足了再擇個視野極佳的餐廳伴著湖光山色享用早餐。接著，可以漫步在霧靄氤氳的湖邊享受靜謐祥和的時光，或步行或租輛單車在四周純樸的農村閒逛，吸納來自大自然的恩澤。亦或是什麼都不做，就躺在旅館的躺椅上悠遊在文字國度裡，閱讀累了可以抬眼看看遠處的雄偉山峰，或打盹或發呆……如果能夠用這樣緩慢愜意的步調旅行著，這是多麼幸福的事呀！幸好這樣的旅人天堂並非夢想，而且只須花上少少的盤纏就可以實踐。波卡拉，就是這樣的一個地方。

得天獨厚的人間天堂

安娜普納群山（Annapurna）下的山谷中有一泓碧綠深潭，人們乘著輕舟劃破平靜無波的湖面，帶著鮮花、米粒往來中央島湖的小廟。四周翠綠山巒層層交疊，湖畔鄉野景致恬靜宜人，霧靄氤氳的湖面上飄散的，除了若隱若現的魚尾峰倒映，還有一股獨特的靜謐氛圍。她的名字叫費娃湖（Phewa Lake），是尼泊爾的第二大湖。得天獨厚的地理環境與天然美景讓旅人趨之若鶩，紛至沓來的人潮使湖區迅速發展起來，也讓波卡拉成了旅人們競相走告的人間天堂。

波卡拉的旅館餐廳與商店林立，不僅選擇性多價格也相當實惠，雖然觀光業蓬勃發展但這裡的步調依舊相當緩慢。行走在波卡拉街道，抬眼即能望見連綿的安娜普納群山，瑰麗雄偉的山峰時時向旅人招手，吸引許多登山健行客想親臨讚嘆。數條喜馬拉雅群山登山步道鄰近的波卡拉，除了坐擁湖光山色提供優美的休閒度假環境外，還是旅人們登山健行前後，養精蓄銳及休息養身的極佳之地。

1 2
費娃湖一景
波卡拉的生活步調相當悠閒

3 4
費娃湖畔
費娃湖畔前的流動小販

費娃湖的千姿百態

　　不想登山健行勞頓身心的，就把時間留給費娃湖吧！親近費娃湖的方式很多，可以登上四周的郊山俯視碧綠湖水，也可以直接漫步在湖畔邊，看著臨湖人家一邊搗衣一邊話家常。或者，擇一處臨近湖邊的景觀餐廳，慵懶的坐在舒服的椅上發呆賞景閱讀書寫。甚至，租一艘船緩緩划入湖心，隨著碧波蕩漾感受輕風拂面的舒爽。不同時刻的費娃湖有著不同的面貌，山嵐矇矓的清晨，遠山近水縹緲神祕；日正當中時，湖水波光粼粼光彩耀目；夕陽西下，倒映在湖面上的魚尾峰，由灰白幻化成金黃再轉成橘紅，豐富的色彩變化呈現動人的絢爛之美。不管費娃湖呈現哪一種風情，都能讓到此的旅人安然愜意的把自己安頓下來。

NOTE

→ 波卡拉的旅館選擇性相當多，即便是旺季也不用擔心會有找不到住宿的窘境。

→ 前往波卡拉可以撰擇搭飛機或公車。以公車來説，有Tourist Bus及Green Line兩種直達巴士可供選擇，從加德滿都到波卡拉車程大概七至九個小時（含午餐時間）。Green Line是座椅寬敞且有冷氣的高級巴士，車票含午餐，價格比Tourist Bus貴出許多。

1 2
波光粼粼的費娃湖
坐在臨湖畔閱讀發呆是件很享受的事

3 4
臨湖餐廳
黃昏中的費娃湖

☑ 巴拉喜廟（Barahi Temple）

位於費娃湖中央的島湖上，二層式屋頂的小廟內供奉著杜卡女神的另一化身Barahi。Barahi女神主管愛情和婚姻，可以見到當地婦女帶著米粒、鮮花前來上香膜拜祈求姻緣。

☑ 沙朗閣（Sarangkot）

波卡拉有許多長短不一的登山路線，一日至數週都有，遊客可以依自己的體力、預算與時間來做規劃。如果不打算登山，也可以從事一天的健行活動。位於波卡拉西北邊的沙朗閣，是一條大眾化的健行路線，可以飽覽喜馬拉雅山脈的全景，沿途還可以欣賞鄉間的純樸景緻。這裡還是觀賞日出的著名景點，許多遊客會在拂曉時分來此，站在海拔1592公尺的山頂等待晨曦的到來。除了站在山頂賞景外，還可以乘飛行傘嘗試盤旋在壯闊山谷裡的體驗。

註：從波卡拉步行上去約三、四個小時，也可以搭乘計程車至山邊，下車後再步行約二十分鐘可達。

Photo By Alu

9 Chitwan
深入叢林探險趣

　　與印度相鄰，一塊占地932平方公里的濕窪區，是一大片生機盎然的野生叢林。孟加拉虎、獨角犀牛、長吻鱷魚、印度象、鹿、羚羊、猿、猴等不計其數的野生動物在裡頭繁衍，更有超過四百多種的鳥類棲息其中，這是亞熱帶最大的天然野生動物保護區，位於加德滿都西南方一百二十公里的奇旺國家公園（Royal Chitwan National Park）。來尼泊爾的遊客除了朝聖、欣賞人文古蹟及登山健行外，還有不少人是來此深入叢林探險體驗大自然野趣的。

在國家公園保護區內建有許多小木屋度假村，這些度假村都提供了二、三天精彩豐富的叢林探險套裝活動。無論是騎象、乘獨木舟、健行或賞鳥，都必須先換上吉普車經過原始純樸的田園與村落，才能真正的深入叢林內部。然而，一搭上改良式吉普車，伴著陣陣暖風隨著車體搖晃，探險的況味便立即顯現，讓人不由得莫名興奮起來。

叢林騎象尋找野犀牛

很少有動物可以像大象這樣，碩大無比卻還可以讓人和可愛聯想在一起，他們敦厚圓潤的身軀及四肢，活脫像電視裡走出來的卡通人物，讓人不設防的很想和他們多親近。大象龐大厚重的身軀雖然傻憨可愛，但這可是遊客深入叢林的極佳交通工具，除了可以居高臨下觀察動植物外，還可以躲避野生動物攻擊的危險。四人一組登上象背後探險就正式開始，伴著徐徐微風沐浴在大自然的芬多精裡讓人感到通體舒暢，只不過用這樣的高度來接近山林，得必須時時注意林中橫生的枝芽以免受傷。

1 2

象夫很厲害總是可以穩穩的安坐其上

經常可以看到大象在村莊內行走

3 4

騎象遊叢林是很有趣的體驗

遊客排隊登上象背

深入叢林的首要條件就是「保持安靜」，每個人都相當的興奮但為了不驚嚇叢林裡的嬌客，大家都安靜不語留心四周。幸運的是，在意外偶遇了幾隻野鹿後，我們發現了白犀牛的蹤影。象群緩緩朝犀牛靠近，好讓遊客可以更近距離拍照，而底下的犀牛並不在意我們的到來，依舊停留在原地讓大夥滿足了拍照的癮。夕陽西下前隨著搖搖晃晃的象背返回住處，完滿結束這一趟叢林騎象之旅。對大象有興趣的遊客，還可以到大象撫育中心（Elephant Breeding Center）走走，除了可以了解大象的生活作息外，還可以近距離摸摸可愛的小象們。

親近雷布堤河的三種方式

　　奇旺國家公園境內有條雷布堤河（Rapti River），可以乘獨木舟順遊而下，觀賞河岸四周的鳥類與野生動物，最主要是有機會可以和鱷魚面對面接觸。獨木舟是由木棉樹剖半製成，一艘船可坐八至十二人，船頭及船尾各有一名船夫撐槳划行。船體很淺，上下船要十分小心以免重心不穩，但一坐定位就不用擔心，行進時的速度相當慢，乘坐起來十分安穩。坐在獨木舟裡大夥安靜不語，悠悠然

1 2
野生白犀牛
在大象撫育中心可以與小象近距離接觸

3 4
大象平時活動與休息的地方
伴著夕陽返回住處

1 2 3
乘獨木舟游河
大象們在戲水沖涼
美景當前最適合甜暢

4 5 6
船夫正準備木椅給遊客坐
頑皮的大象把遊客擇下水
坐在河邊賞夕陽好不快活

的享受這乘風順遊而下的靜謐，除了木漿划過的河水聲外，四周一片無聲無息。一直要到偶遇前來喝水的犀牛、野象或悄悄探出頭來的鱷魚，才會劃破這難得的寂靜。

除了供遊客乘獨木舟外，雷布堤河畔還是大象浴沐之地。傍晚，大象們會聚集在此戲水沖涼，洗淨一身疲憊。也想下水清涼的遊客，可以和大象一塊沐浴，只要和象夫打聲招呼，便可以坐在象背上。大象會不時在遊客身上噴水，甚至頑皮的把人搖下河裡，引得所有在場的人都笑呵呵。不過，這裡的水相當混濁，下水前可先要有心理準備。不敢下水的人倒也無所謂，河邊有數家連在一塊的露天餐廳，擇處視野極佳的躺椅坐下，點杯啤酒或冷飲看著夕陽西下，也相當快活。

拜訪薩魯村與族人共舞

　　奇旺國家公園周圍有許多傳統村莊，這些村莊大多都是薩魯族人（Tharu），一般套裝旅遊行程都會安排半日的探訪薩魯村行。這裡大部分的房舍以竹子為牆，牆面再塗抹灰泥或牛糞，而屋頂則大多覆以茅草。村民會用白色的手印或動物的圖案來裝飾牆面，相當簡樸可愛。除了步行或乘牛車漫遊薩魯村外，還可以看薩魯族的傳統的舞蹈表演—棍子舞（Stick Dance）。一群舞者每人各拿著兩支細竹棍互相敲擊，隨著鼓聲節奏而變化打擊速度與方式，一段末了換上不同長度的細棍繼續敲打。此舞蹈源於持木棍攻擊敵人或嚇阻猛獸，後來才演變成舞蹈。棍子舞節奏分明輕快，表演後段還會請現場觀眾共舞同歡，現場的氣氛相當激昂熱絡。

1 2 3
園區內的雜貨店
可乘坐牛車漫步在村莊裡
薩魯族的傳統房舍

4 5 6
在園區內活動大多仰賴吉普車
小小雜貨店
羊兒就養在自家門前

→ 前往奇旺可以選擇搭飛機或公車。以公車來說，有Tourist Bus及Green Line兩種直達巴士可供選擇，從加德滿都到奇旺車程大概六至八個小時（含午餐時間）。Green Line是座椅寬敞且有冷氣的高級巴士，車票含午餐，價格比Tourist Bus貴出許多。

→ 保護區內蚊子相當多，記得要攜帶防蚊液。進叢林最好穿長衣長褲，以避免被雜草或樹枝割傷。

→ 喜歡賞鳥的人最好自備望遠鏡，雖然旅行社都會準備，但數量有限需三、四個人輪流使用。

☑ 旅行社的套裝行程介紹

一般旅行社提供的套裝行程，有二到四天可供選擇，以一般三天二夜來說，內容大約包括如下：

- 叢林騎象
- 獨木舟遊河
- 吉普車探險
- 健行賞鳥
- 探訪薩魯族
- 薩魯傳統木棍舞表演
- 乘牛車漫步
- 參觀大象撫育中心

備註：
費用含往返交通、住宿、三餐及園內門票及各項活動費，但不含嚮導的小費。

世界主題之旅 51

到尼泊爾返璞歸真

文　　字	曾品蓁	
攝　　影	曾品蓁	

總 編 輯	張芳玲	
資深主編	張敏慧	
主　　編	謝樹華	
封面設計	蔣文欣	
美術設計	曾品蓁	

太雅生活館出版社
TEL：(02)2880-7556　FAX：(02)2882-1026
E-mail：taiya@morningstar.com.tw
郵政信箱：台北市郵政53-1291號信箱
太雅網址：http://taiya.morningstar.com.tw
購書網址：http://www.morningstar.com.tw

發 行 所	太雅出版有限公司
	台北市111劍潭路13號2樓
	行政院新聞局局版台業字第五〇〇四號

承　　製	知己圖書股份有限公司
	台中市工業區30路1號　TEL：(04)2358-1803

總 經 銷	知己圖書股份有限公司
	台北公司 台北市羅斯福路二段95號4樓之3
	TEL：(02)2367-2044　FAX：(02)2363-5741
	台中公司 台中市工業區30路1號
	TEL：(04)2359-5819　FAX：(04)2359-5493
郵政劃撥	15060393
戶　　名	知己圖書股份有限公司

廣告刊登	太雅廣告部　(02)2880-7556
	E-mail: taiya@morningstar.com.tw

初　　版	西元2008年08月01日
定　　價	250元

(本書如有破損或缺頁，請寄回本公司發行部更換；
或撥讀者服務部專線04-23595819)

ISBN　978-986-6629-13-6
Published by TAIYA Publishing Co.,Ltd.
Printed in Taiwan

國家圖書館出版品預行編目資料

到尼泊爾返璞歸真／曾品蓁作. －－初版.－－
臺北市：太雅，2008.08
面；　公分.－－（世界主題之旅：51）
ISBN 978-986-6629-13-6（平裝）
1. 遊記　2. 尼泊爾

737.49　　　　　　　　　　97012320

掌握最新的旅遊情報，請加入太雅生活館「旅行生活俱樂部」

　　很高興您選擇了太雅生活館(出版社)的「世界主題之旅」書系，陪伴您一起快樂旅行。只要將以下資料填妥回覆，您就是「旅行生活俱樂部」的會員，可以收到會員獨享的最新出版情報。

這次 買的書名是：世界主題之旅／**到尼泊爾返璞歸真** (Life Net 51)

1.姓名：_____ 性別：□男 □女

2.生日：民國_____年_____月_____日

3.您的電話：_____地址：郵遞區號□□□_____

　　　　　　_____

　　E-mail:_____

4.您的職業類別是：□製造業　□家庭主婦　□金融業　□傳播業　□商業　□自由業

　　　　　　　　　□服務業　□教師　□軍人　□公務員　□學生　□其他_____

5. 每個月的收入　：□18,000以下　□18,000~22,000　□22,000~26,000

　　　　　　　　　□26,000~30,000　□30,000~40,000　□40,000~60,000　□60,000以上

6.您從哪類的管道知道這本書的出版？□_____報紙的報導　□_____報紙的出版廣告

　□_____雜誌　□_____廣播節目　□_____網站　□書展　□逛書店時無意中看到的

　□朋友介紹　□太雅生活館的其他出版品上

7.讓您決定 買這本書的最主要理由是？

　□封面看起來很有質感　□內容清楚資料實用　□題材剛好適合　□價格可以接受

　□其他_____

8.您會建議本書哪個部份，一定要再改進才可以更好？為什麼？

　_____

9.您是否已經帶著本書一起出國旅行？使用這本書的心得是？有哪些建議？

　_____

　_____

10.您平常最常看什麼類型的書？□檢索導覽式的旅遊工具書　□心情筆記式旅行書

　□食譜　□美食名店導覽　□美容時尚　□其他類型的生活資訊　□兩性關係及愛情

　□其他_____

11.您計畫中，未來會去旅行的城市依序是？ 1._____ 2._____

　3._____ 4._____ 5._____

12.您平常隔多久會去逛書店？ □每星期　□每個月　□不定期隨興去

13.您固定會去哪類型的地方買書？ □連鎖書店　□傳統書店　□便利超商

　□其他_____

14.哪些類別、哪些形式、哪些主題的書是您一直有需要，但是一直都找不到的？

　_____

填表日期：_____年_____月_____日

太雅生活館　編輯部收

台北郵政53-1291號信箱
電話：(02)2880-7556

傳真：(02)2882-1026
(若用傳真回覆，請先放大影印再傳真，謝謝！)

太雅生活館

有行動力的旅行，從太雅生活館開始